自由民権運動史への招待

安在邦夫

Kunio Anzai

吉田書店

自由民権運動史への招待 ⊙ 目次

凡　例

・史料等からの引用に際しては、読み易さを考慮し、適宜、旧仮名は新仮名に改め、句読点を付した。

・本書においては、歴史上の人物、研究者が数多く登場する。脚注を掲げたので参考にしていただきたい。なお、作成にあたっては、西腰周一郎氏、森谷元氏の全面的な協力を得た。主に以下の文献資料を参照したことをお断りしておく。

『国史大辞典』（吉川弘文館）、『日本国語大辞典』（小学館）、『日本人名大辞典』（講談社）、『日本大百科全書（ニッポニカ）』（小学館）。

いま、自由民権運動史を学ぶとき

1　蹂躙される住民の権利と翻弄される地方自治

真の文明は山を荒さず、川を荒さず、
村を破らず、人を殺さゞるべし

足尾鉱毒事件で知られる田中正造▼の晩年（一九一二年）の言葉が、いま、あらためて蘇り、人びとの心を強く捉えている。いうまでもなくそれは、東京電力福島第一原子力発電所の事故による放射能汚染がもたらした被害を意識してのことである。「うつくしま、ふくしま」をキャッチフレーズに、福島県民が誇りとしてきた美しい土壌・清らかな水・爽やかな空気は、いま、放射能で汚染されている。目に見えず、耳に聞こえず、嗅覚を刺激することもない汚染体に、住民は対処の術もない。福島県の多くの人びとが、人体を蝕ばまれ、家族を壊され、生産手段を奪われ、故郷を追われて呻吟している。「墓場に避難します」と書き残して自らの生命を絶った高齢者の存在は余りにも痛々しく、また、「将来子どもを

国立国会図書館HPより

▼**田中正造**（一八四一－一九一三）下野国出身。『栃木新聞』創刊、栃木県会議員、後に県会議長。鉱毒事件問題、谷中村問題に終生挺身。

産めますか」と問いかける少女への、当事者の責任の重さは、表現の域をはるかに超えている。被曝の対象・空間はその後も拡大の一途をたどり、収束の方向は一向に見えてこない。ますます混濁の度をましているのが実情である。内部被曝の検証は数十年の後までかかる、という気の遠くなるような状況である。まさに「文明」の名の悪魔が、山を荒らし、川を汚し、村を破壊し、人を傷つけたといえる。真の文明とは何か、いま、われわれは真剣に考えなければならないときにきている。

東日本大震災（二〇一一年三月一一日）は、未曾有の大災害であった。確かに、原発事故発生の引き金になったのは予想をはるかに超える津波という天災であった。しかし、これは「想定外の不可避の事故」と単純に記憶されるべきことではない。安全神話の政治的・権力的造出、「非国民」扱いにも似た原発建設反対者への理不尽な圧力と封じ込め、一旦事が起こればとてつもない災いを及ぼす危険への備えの欠如、情報改竄《ざん》や隠匿に見られる事故後の処理、配慮を欠いた被害民への対応等々を見ていると、放射能汚染被害はまさに人災であることが明白である。すなわち、東日本大震災は、天災と人災が重なり複合災害として相乗倍加した災害という点で、従来の災害問題とは異にする内容を有していることを、われわれは銘記しておかなければならない。その意味でも、国と東京電力、換言すれば国家権力と独占的大企業の癒着が招いた罪の重さは、まことに計り知れない。この責任をどのような形で償うのか。

そもそも原子力発電所の建設は、「恐怖と欠乏から免れ、平和のうちに生存する権利を有する」（日本国憲法前文）という理念に反するものであったし、国家権力・独占的企業・研究機関・マスコミなどによって築かれたいわゆる「原子力村」は、批判を許さないという雰囲気を有していた点において、言論弾圧機構の性格を帯びていた。いずれにしても、東日本大震災の一構成要素たる原発事故＝放射能汚染災害に限って見ただけでも、憲法に規定された基本的人権条項に抵触する問題が多々あることは認識できる。さらに、自治体が自治機能を失い、中央権力に翻弄され続ける状況を目の当たりにすると、地方自治体とは何かという問題にも、大きな関心が寄せられる。

近代化は、一面文明化とベクトルを同じくする。が、近代化にしても文明化にしても、そこで重視されるべき基本的課題は自由・人権・自治であろう。このことに思いを致すときに想起されるのが、足尾鉱毒事件であり、谷中村廃村の歴史である。単純な比較はできないが、「複数の谷中村」が一挙に産み出された点において、事態は百有余年前より一層深刻なものになっているとさえいえる。鉱毒の被害から地域を守り、行政の横暴から谷中村を守ろうと闘いつつ、真の文明とは何かを説き続けた田中正造の冒頭の一文が、いま蘇るのも、このような歴史と背景があるゆえである。そして国民の権利や自治などの問題を勘案するとき、われわれは、自由民権期の時と重ね合わせて考えるべき内容・課題を多く有していることに気がつく。いまこそ、自由・民権・人権・自治などについて議論し、その獲得・確立のために奔走した原点、自由民権運動史に関心を寄せ、学ぶときである。

2　自由民権運動とはどのような運動であったか

自由民権運動とは、日本における近代への移行期（近代国家秩序の形成期＝幕末・維新期）に、基本的には、内には善美なる立憲制国家の建設、外に対しては主権国家として対等な関係を保つ独立国家の構築を目指して展開した国民運動である。その歴史的性格に関しては、形成されつつあった近代天皇制国家に対し、封建制度を打破し西欧的な立憲制国家の樹立を目指した運動とされるのが、戦後主流となった理解である。が、近年、その歴史的評価に疑義を提起する研究動向が見られるようになった。すなわち、運動と民衆との連携関係を否定する見方、あるいは国家と運動主体との共通性を探る見解である。私は、多様な階層の人びとが参加し、その目的も多様で、重層性をもつ複合的な民衆運動であったと理解している。運動の期間については、幕末・維新期をどのように捉えるか、あるいは自由民権運動をいかなる運動と位置づけるかによって相違するが、具体的契機としては、一八七四（明治七）年の板垣退助▼らによる「民撰議院設立建白書」の提出と考えることが妥当であろう。そして同運動は初期議会期（第四議会前後＝一八九三年初頭）頃まで継続したと認識している。

自由民権運動が目標とした主な事項を列記すれば、次の五つである。

憲法の制定＝自由・人権など国民の諸権利の保障。

国会の開設＝国民の政治参加の実現。

地方自治の確立＝中央集権・官僚統制の否定。

地租の軽減＝国民生活の擁護。

条約改正＝主権国家の確立。

以上の目標は、運動の置かれた状況、政府の対応のあり方などによって力点の置き方が違っている。一八七八（明治一一）年から一八八一（明治一四）年に至る時期は、いわば運動の高揚期で（一八七八〜八一年）、さまざまな結社が創設され、一部のグループは政党の結成にまで及んだ。結社数は、現在判明しているものだけでも二〇〇〇社を超える。また、各地で学習・討論・研究が重ねられ憲法

国立国会図書館HPより

▼板垣退助（一八三七－一九一九）土佐藩出身。自由民権運動の指導者。一八八一年に自由党総理。後、第二次伊藤内閣、隈板内閣などの内相。晩年は社会事業に尽力。

の草案（私擬憲法案）も起草された。憲法起草は政府および政府関係者も取り組んでいたもので、条文は不明であっても明らかに草案作成がなされたと思われるものを含めると、現在確認できるものだけでも一〇〇点を超える。

　このような運動は、折から生じた北海道開拓使官有物払下げ問題の政府批判と相まって勢いを増し、その結果、一八八一（明治一四）年一〇月、政府は国会の早期開設論者で筆頭参議の任にあった大隈重信▼を、自由民権運動と関わりを有するものとして罷免する一方で、一〇年後には憲法を制定し、国会を開くことを約束する勅諭を出すに至った。いわゆる「明治一四年の政変」である。以後自由民権派は、政党を結成し組織的な運動を進めるに至るが、この時期全国各地で見られるのが、地域議会（県会・町村会）における地方自治の要求である。その最たる状況を示したのが福島県の県会であり、やがてその対立は先鋭化し、福島・喜多方事件を生み出すに至った。

　福島・喜多方事件を契機として政府の自由民権運動弾圧は熾烈となり、政党の解体や運動からの離脱者が顕著となった。と同時に、一八八四（明治一七）年頃になると、いわゆる「松方財政」＝デフレ政策による階層分化が進み、困民化した層は、地租軽減から「借金返済」など生活に関わる運動を各地で展開した。そして弾圧と貧窮化という状況は、急進的な運動を生起させる契機となった。加波

国立国会図書館HPより

▼**大隈重信**（一八三八－一九二二）佐賀藩出身。新政府では所謂大隈財政を展開。下野後、立憲改進党総理。東京専門学校（現・早稲田大学）創立。黒田内閣で条約改正交渉に尽力、後に二度組閣。

山事件・群馬事件・秩父事件など、激化事件の相次ぐ発生である。

一八八六〜八七（明治二〇）年にかけては、「鹿鳴館外交」やノルマントン号事件（一八八六年生起。横浜から神戸に向かう英国の貨物船ノルマントン号が紀伊半島沖で難破の際、日本人船客二五名全員が溺死したにも関わらず、英人船長らは助かり海難審判で無罪の判決を受けた事件）など、国家の威信を失う状況・事件が生まれた。その結果、領事裁判権の撤廃と関税自主権の回復など、幕末に結んだ不平等条約改正を求める運動が盛り上がった。いずれも自由民権運動に関わるものである。

では、このような運動はどのような人びとによって担われ推進されてきたのか。

この問題も状況の変化によって相違があり一概にはいえない。その担い手に注目・留意し、士族民権・豪農民権・農民民権という見方もあるが、少なくとも開明派士族層（教員・ジャーナリスト・代言人など）や豪農層が中核を成し、これに諸階層、たとえば神官・僧侶・女性・被差別民・車夫・博徒（侠客）など、多くの人びとが参加していることは事実である。すなわち、広範囲な民衆の共鳴が運動を支え、持続させる大きな要因となっていたといえる。

自由民権運動はなによりも、近代的な国家形態の造出を課題とした優れて高度な政治運動であった。そのことを前提として運動の特色を記すと、次のように指摘することができよう。

①目標が多岐にわたっていたこと＝目標の多様性。
②さまざまな階層が参加していたこと＝国民的規模の広がり。
③全国的規模で行なわれたこと＝空間的広さ。
④きわめて長い期間持続したこと＝時間的長さ。
⑤多様な思想的基盤を有したこと＝思想の多元性・複合性。
⑥新しい政治文化の誕生が見られたこと＝マスメディアの発展・演説・政治小説。
⑦民衆の創造的な活動（民衆文化）が見られたこと＝演歌・演劇（壮士芝居）・講談・運動会。
⑧学習結社の誕生など自発的な学習が行なわれたこと＝教育の普及。

3　いま、自由民権運動史を学ぶことの大切さ

歴史研究において欠かせないことの一つは、問題意識の有無であろう。問題意識とは現状への違和感であり、研究とは違和感に対する異議申し立ての一表現である

と考えてよい。先に筆者は、福島第一原子力発電所の事故による放射能汚染が、住民の諸権利を蹂躙し地方自治を翻弄しているという事実から、権利や地方自治の獲得・確立のために奔走した初発の運動たる自由民権運動史に関心を寄せ学ぶべきときであると指摘した。そして、次に、自由民権運動とはどのような運動であったのかと、その特色について触れた。自由民権運動史を学ぶ大切さとは、基本的には広く民主主義の発展に関する問題を考えることに帰着するように思われる。

その意味では、自由民権運動史は優れて現代的な課題・問題を有する研究分野である。換言すれば、現実の政治・社会問題との緊張関係を深くもつことを不可避としている。自由民権運動は立憲政体の樹立、すなわち近代国家としての体裁・内容をもつ国約憲法の制定と、民意が正当に反映される国会の開設（代議政体の樹立・確立）を目標としたこと、そして運動の主体は、私擬憲法案の起草や政党の創設などに邁進、到達したこと、しかし、それは厳しい政府の弾圧の下で推進された過酷なものであったことなど、運動を貫流する核は優れて高度の政治問題であり、新しい政治秩序を構築しようとする創造運動であった。

このような理解から、自由民権運動に奔走した人びとの志や情熱に思いを馳せて現今の政治家・政党の有り様を見ると、その為体《ていたらく》ぶりや低次元の行動に、政治の世界における進歩とは何であったのか、歩み来るその歴史に強い疑念を抱き、嘆かわしい思いに駆られる。そして、いまわれわれは「善美なる立憲制度の構築」を目指して燃えた自由民権運動の原点に立ち返って考えるべきことが余りにも多いことに気づかされるのである。

自由民権運動のなかには実に多くのきらきらと輝くものがあり、今に伝えるものが多くある。その一つに、植木枝盛▼の起草した憲法草案がある。同憲法草案は高度な民主主義思想を内包していることでも知られているが、その思想が現在の日本国憲法に活かされているという事実については、あまり知られていない。以下、このことについて少し触れておこう。少々年月が遡るが、二〇〇七（平成一九）年八月五日の『毎日新聞』（朝刊）には、「戦後　憲法草案提言の鈴木安蔵氏　GHQが『評価』の書翰」の見出しの記事が掲載された。同記事を整理すれば以下のようになる。①鈴木安蔵▼らを中心に一九四五（昭和二〇）年一一月五日、憲法研究会が創設されたこと、②同年一二月二六日憲法研究会は植木枝盛の憲法案を参考に新憲法案（以下草案と略称）を起草し、首相官邸とGHQに提出したこと、③同日、毎日新聞は一面で報道したが、当時はあまり国民には注目されなかったこと、しかし、④GHQは同草案を高く評価しGHQ草案作成の参考としたこと、⑤GHQ草案には憲法研究会の草案が活かされていること、したがって、⑥日本国憲法はGHQ独自の案の一方的押しつけではなく、当時の政府や

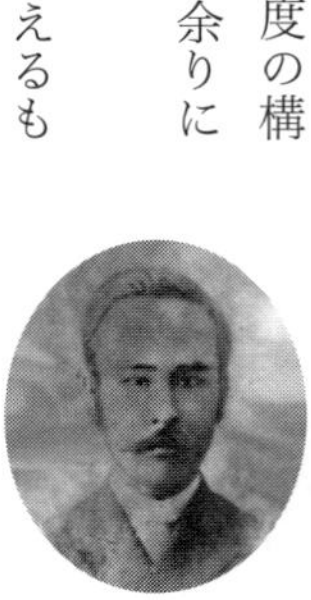

▼**植木枝盛**《えもり》（一八五七－九二）土佐藩出身。自由党左派の論客。徹底して民主的な私擬憲法を起草し、女性解放や風俗改良など幅広い啓蒙活動も展開。主著に『民権自由論』『天賦人権弁』など。

▼**鈴木安蔵**（一九〇四－八三）静岡大学教授。主著に『近代日本と民主主義』（新日本出版社、一九六九）。

政党が憲法研究会草案を評価し世論を動かしていれば、国民による自主的な憲法制定の可能性があったこと。

鈴木ら民間の「憲法研究会」のメンバーが憲法草案作成の参考としたのが、植木枝盛の憲法草案であった点に注目したい。この経緯を考えると、現憲法には自由民権期に起草された憲法の理念、すなわち国民の声が反映されており、大日本帝国憲法こそ秘密裏に制定され、国民サイドからすれば「欽定」という形で押し付けられた憲法であるといえるように思われる。自由民権運動を振り返り考える大切さの一端が、ここにもあると指摘できる。

二〇一一（平成二三）年、植木の旧邸が取り壊され、憲法草案を執筆した書斎の部分が高知市立自由民権記念館に移設された。旧邸がなくなったことは残念であるが、自由に見ることができなかった書斎が、「公の施設への移設で、枝盛の思い、自由民権運動の息吹に誰でも触れられるようになった」（森沢孝道「論評　枝盛書斎の移設」『高知新聞』二〇一一年八月一八日）のは嬉しい。自由民権運動はわれわれの身近なところにある運動なのである。自由民権運動が提起した問題や民権家の言動には、歴史的制約や発展の度合いから未熟な点を有していたことも否定できない。が、そのような問題を含め、新しい国民的秩序を造形しようとして各地各層が燃えた自由民権運動の精神と営為をいま学ぶことは、方向性を喪失した昨今の政治・社会状況を考えるとき、大切な課題といえるのである。

4　新しい視点から研究を切り拓く魅力と面白さ

自由民権運動の担い手は直接・間接に多様であり、運動のなかで提起した問題も経済・社会・教育・文化など多岐にわたっている。自由民権運動史研究の魅力・面白さは、何といっても〝時代の青春〟といわれるように、日本の近代国家構想をめぐって国民がさまざまな可能性を求めて行動した生きざまに接するところにある。自由民権家の情熱・心意気と創造心、これを支えた民衆のエネルギッシュな営為に触れることは、自由民権運動史を学ぶ何よりの楽しみであり、われわれもその軌跡から大いに生きる力を得る。松本三之介▼編『わき立つ民論』（ちくま学芸文庫、二〇〇七年）、永井秀夫▼『自由民権』（「日本の歴史25」、小学館、一九七六年）や色川大吉▼『自由民権』（岩波新書、一九八一年）には、そのような躍動する運動像が活写されている。

しかし、近年は従来とは違った視点から自由民権運動の魅力を叙述しようとする研究動向が見られる。換言すれば、豊饒な自由民権運動の軌跡を、よりリアルに描こうとする試みで、新井勝紘▼の仕事がそれである。新井は『自由民権と近代社

▼**松本三之介**（一九二六－）東京大学名誉教授。主著に『明治思想における伝統と近代』（東京大学出版会、一九九六）。
▼**永井秀夫**（一九二五－二〇〇五）北海道大学教授。主著に『日本の近代化と北海道』（北海道大学出版会、二〇〇七）。
▼**色川大吉**（一九二五－）東京経済大学名誉教授。主著に『困民党と自由党』（揺籃社、一九八四）
▼**新井勝紘**（一九四四－）専修大学教授。主著に色川大吉、江井秀雄との共著『民衆憲法の創造　埋もれた多摩の人脈』（評論社、一九七〇）。

会』（吉川弘文館、二〇〇四年）を編集するに当たって、国会開設・自由党・激化事件・大同団結運動など、従来の研究では看過することはできない重要なキーワードに関し、意識的に触れない形で同書を編んでいる。たとえば、結社に関しても、通史的理解による政治結社・産業結社・学習結社といった分類を止め、結社名に用いられた文字の分析から分類・分析を行ない、その多様性を論証している。

また、担い手層に関しても、従来の士族・豪農・貧農層といった階層による区別ではなく、青年・婦女・視覚障害者・被差別民・芸妓・車夫・博徒などの参加に注目し、その行動の軌跡を追究している。その結果、たとえば仙台における視覚障害者は盲人党という組織を結成、その後仙台群盲協会・東北群盲党と拡大、やがて仙台訓盲院・盲人学術会など社会問題に関わる組織づくりを行なっていることを明らかにしている。新井はその視座を貫くべく、前掲編書に触れつつ行なった講演記録「今考える　自由民権運動と研究の魅力」を公表している（町田市立自由民権資料館編『自由民権』第二〇号、二〇〇七年）。今後発展させるべき内容を有しているので、以下同論考のなかから、特に「自由民権の新しい視点・地平への試み――私の取り組みと関心」で述べている六つの視座について、私見も入れて紹介、触れておきたい。

第一は、「自由民権運動と番付」の分析である。演説家の番付などさまざまな番付をした刷り物が多く出されていることに注目し、誰が何のために印刷しどのような人が購入したのかについて検討している。第二は、自由民権とフォークロア（民俗学）との関係である。たとえば、近代日本の方向を決定する契機にもなった「国会開設の勅諭」が出された年、すなわち明治一四年の政変のあった一八八一（明治一四）年には、世界の転覆を予言する「世界転覆奇談」「大評判世界転覆疑論」といった刷り物が出回っていたことについて言及し、これを社会学の視点から分析することで民権運動の新しい研究を切り拓くこと、さらには世界の伝聞が即座に民衆を取り込む状況に立ち至っている事実から、メディア史からのアプローチも必要なことを説いている。

第三は風刺画から読み解く面白さである。『団団珍聞《まるまるちんぶん》』『驥尾団子《きびだんご》』など、興味深い風刺雑誌が当時刊行されているが、自由民権運動史研究のサイドからの本格的な研究は未だない。政治・社会風刺の世界がどれだけ許容されているかは、民主主義の発展の度合いを示すバロメーターと思われるが、残念ながら日本においては風刺的世界の土壌は育っていない。これは自由民権期、風刺などに関しても権力が徹底的な弾圧を加えたことにも起因している。今後ぜひ発展させたい研究課題である。第四は「自由」「民権」グッズに関する研究である。車人形の衣装、盃や徳利、岡持ちなどに、「自由」を書きこんだものが見られることは有名であるが、「自由饅頭」「民権自由筆」なども非常に人気を集めたという。「自由」という言葉を、どのような意味で受け入れ日常の生活のなかで使用していたのか、その後のゆくえなどとあわせ、考えてみることは重要である。

第五は、博徒などアウトロー的人間の存在と活躍である。この問題の研究の必要性については夙《つと》に指摘され、研究の先鞭もつけられているが（長谷川昇『博徒と自由民権』中公新書、一九七七年。平凡社ライブラリー、一九九五年）、その後深められていない。秩父困民党の総理・副総理が博徒であったということなどを思い出してみたい。地域などにおける組織化・まとめ役としては、机上の世界に生きるインテリ層などは全く無力であり、むしろ博徒的な存在が大きな力を発揮することがある。アウトロー的人間の活動は見落とせない問題である。

第六は、演芸との関係である。「語り」の作法・仕法は、言論を武器として闘うようになった時代、運動家が最も工夫を凝らした問題として重要な研究課題である。近年、演説に関しては本格的な研究がなされてきているが（稲田雅洋『自由民権の文化史』筑摩書房、二〇〇〇年）、講談・演劇・演歌などの分野はこれからである。特に馬鹿林鈍翁（坂崎斌）・自由亭皆春（小川定明）・先醒堂覚明（奥宮健之）・森林黒猿（奥宮健吉）・自由童子（川上音二郎）など、民権家の心意気を表す芸名にも惹かれる。聴衆の存在とあわせ考察が待たれるところである。筆者は、一九〇〇（明治三三）年にフランスで録音された川上音二郎▼一座の演奏のレコード原版を聴きたく、所蔵先であるロンドンの博物館に出かけたことがある。大切に保存されている状況に何か嬉しさが込み上げ、また西欧で川上への関心が高いことに驚かされた。大衆芸能の歴史を考える上でも演芸と自由民権運動の関係を検証することは、切に望まれる。

以上、新井の論考を参考に自由民権運動史研究の新しい視点について記した。これらの問題は、いわば民衆史研究の分野と深く関わるものであり、自由民権運動研究の視座からどのようにアプローチしていくかという点が問われるが、今後発展させたい課題である。

自由民権運動は立憲制国家の構築という優れて政治的な課題の達成を目標としていたといえよう。国民の多様な階層が、さまざまな方法・手段を用い、創意工夫を凝らし、自由・民権・人権の獲得と生活擁護、そして国家としての主権確立のために闘った創造的運動の軌跡を、その精神にまで立ち入って考察することが重要である。そして、運動と同時期に各種の「未来記」が刊行されていたことから、自由民権運動はなによりも未来に目を向けていたということがうかがわれる。自由民権運動史を学び研究する現代的意義も面白さもこのような点にあることを銘記しておきたい。

▼川上音二郎（一八六四－一九一一）筑前国出身。自由党壮士、後に一座を結成し新派劇の俳優。欧米での巡演は著名。後年は演劇界に多大の貢献。

第1章

自由民権運動史概観

「自由」が書き込まれた岡持ち

はじめに

自由民権運動とは、形成期の明治国家＝近代天皇制国家に対抗し、近代的立憲制国家の確立を求めて闘った、国家構想をめぐる運動である。時期的には、一八七四（明治七）年の「民撰議院設立建白」から、一八九三（明治二六）年に「和衷協同の詔勅」によって民党が政府に妥協し体制化するまでのほぼ二〇年間とすることができる。

明治藩閥政府は、天皇を絶対的な権威者とする天皇制国家の構築を目標とした。これに対し、国民を主権者とする西欧的・近代的な立憲制国家を打ち立てようと望んだ人々は、国民の諸権利を保障した国約憲法の制定、民意に基づく政治を行なうための国会の開設と責任内閣制の実現、地方自治の確立、租税の軽減、外国との不平等条約の改正などを要求し、政府に迫った。しかし時の政府は、国民の要求に対しては一貫して拒否する態度をとり、讒謗律《ざんぼうりつ》（著作・文書などによる政府・官僚らへの批判を禁止し、犯した者には刑罰を課した法規）・新聞紙条例・

集会条例・不敬罪・保安条例などの弾圧諸法規を次々に設け、警察・軍隊制度を整備・活用して、国民の自由な言論・集会を封じ込め、運動の圧殺をはかった。そして、軍人勅諭、華族令、帝国憲法、教育勅語などの公布・渙発《かんぱつ》によって、絶対主義的な天皇制国家の機構を着実に確立していった。

自由民権運動を担った人々は、運動初期には文字どおりの不平士族が多かったが、やがて、開明派士族層、代言人（弁護士）・ジャーナリスト・教員などの都市知識人層、自生的なブルジョア的発展を遂げつつあった地方豪農層などが中核となり、これを広範な民衆が支えた。その意味では、諸階層がそれぞれの要求を結合させながら発展させた複合的な民主主義運動であったといえよう。運動は、生成、高揚、展開、収斂の四期に区分できるように思われる。

1　運動の生成（一八七四〜一八七八年）

幕末、南部藩（岩手県）で一揆を指導した三浦命助▼は、人間を三千年に一度花を咲かせる伝説の花「優曇華《うどんげ》」にたとえ、人の生命の尊厳さについて語っている。このような言動に留意してみると、幕末維新期に全国各地で生起した世直し一揆や都市打ちこわしは、人間は本来みな平等であるという意識に支えられた、

▼三浦命助（一八二〇－六四）奥州盛岡藩領閉伊郡栗林村出身。嘉永六年一揆（三閉伊一揆）の指導者の一人。後、捕らわれて獄死。

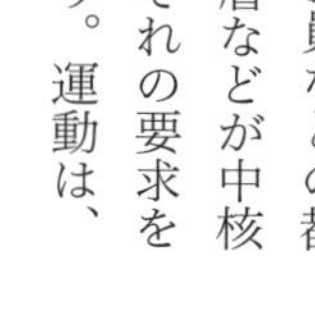
国立国会図書館HPより

▼後藤象二郎（一八三八－九七）土佐藩出身。幕末期には藩の殖産興業に努め、維新後は参与、工部大輔、左院議長など歴任。下野後は民権運動や朝鮮改革に邁進。

▼江藤新平（一八三四－七四）佐賀藩出身。司法卿として司法制度整備や民法編纂事業に尽力。下野後、佐賀の乱の首魁として逮捕、梟首刑。

民衆の封建的桎梏からの解放運動であったことを知ることができる。しかし、社会変革に寄せた民衆の期待と願望は、倒幕派の「王政復古」宣言によって打ち砕かれ、さらに、徴兵制・地租改正・学制の施行など、国民の生活を無視した強引な明治新政府の諸施策のなかで、ますます幻想と化していった。一方、支配階層の位置を奪われた不平士族の反政府的行動も、まだ土台の定まらぬ藩閥新政権に危機感をいだかせるものであった。征韓論はこのような状況のなかから浮上するが、国内の矛盾を外に向けての拡張政策によって解決しようとする姿勢には大きな問題があった。

(1) 民撰議院設立の建白と民撰議院論争

一八七三（明治六）年一〇月、征韓論に敗れて下野した板垣退助・後藤象二郎▼・江藤新平▼・副島種臣▼の前参議らは、翌一八七四年一月一二日、愛国公党を結成した。そして一七日、同党に参加した由利公正▼（前東京府知事）・岡本健三郎▼（前大蔵大丞）および洋行帰りの小室信夫▼・古沢滋▼らを交え、八人（いずれも士族）連署で民撰議院設立の建白書（民撰議院設立建白）を左院に提出した。建白書の起草にあたったのは古沢で、「方今政権の帰する所を察するに、……独り有司に帰す。……政令百端、朝出暮改、政刑情実に成り、賞罰愛憎に出づ、言路壅《よう》

▼**副島種臣**《そえじま》（一八二八－一九〇五）佐賀藩出身。外務卿として対露交渉、日清修好条約批准交渉などを行なう。後に枢密顧問官など歴任。能書家としても著名。

▼**由利公正**（一八二九－一九〇九）三岡八郎とも。福井藩出身。藩財政再建に功あり、新政府で御用金穀取扱を担当。また、所謂由利財政を展開。東京府知事、元老院議官など歴任。

▼**岡本健三郎**（一八四二－一八八五）土佐藩出身。大津県判事、大蔵大丞など歴任。建白運動後は、立志社の挙兵計画に参加。後に日本郵船会社の重役。

▼**小室信夫**《しのぶ》（一八三九－一八九八）丹後国出身。岩鼻県権知事、少議官など歴任。下野後は実業界へ転じた。

▼**古沢滋**《うろう》（一八四七－一九一一）土佐藩出身。英国留学後、板垣に従って民権運動に挺身し、種々の新聞の主筆担当。自由党解党後官吏となる。

蔽《へい》、困苦告るなし」と、まず藩閥有司（官吏）の専制性、無方針性、それゆえの国民の困苦状況を指摘した。そしてこのような事態を打開するためには「民撰議院」を設立し官僚の権限を縮小することが必要であると述べ、さらに「人民政府に対して租税を払ふの義務ある者は、乃其政府の事を与知可否するの権理を有す。是れ天下の通論」と、納税者には参政権があることを主張した。

建白書は、政府には受け入れられず無視されたが、これが提出された翌日、イギリス人ジョン・レディ・ブラック▼の編集する当時の有力新聞『日新真事誌』（一八七四年一月一八日号）に掲載されると、大きな反響を呼び、いわゆる「民撰議院論争」が起こった。主として『日新真事誌』『郵便報知新聞』『東京日日新聞』『明六《めいろく》雑誌』などで戦わされた賛否両論の議論は、一八七四（明治七）年中に『民撰議院集説』（上・下、桜井忠徳▼編）として出版されたほどである。

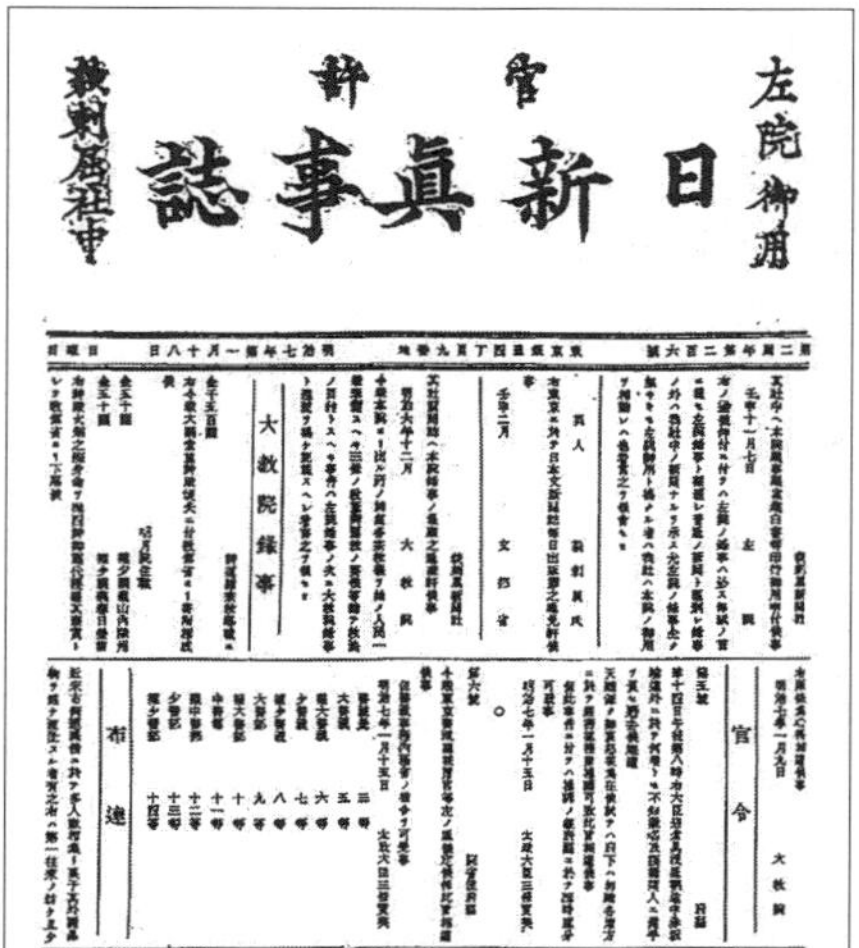
左院御用
官許
日新真事誌
大教院録事
官令
布達
建言

『日新真事誌』1874年1月18日号
下段に民撰議院設立の建言が掲載されている。

▼ブラック（John Reddie Black）（一八二七－八〇）スコットランド出身。『ジャパン・ガゼット』『The Far East』『日新真事誌』など創刊。弾圧され上海に移るが、病を得て横浜に戻り病没。

▼桜井忠徳　生没年、事績未詳。

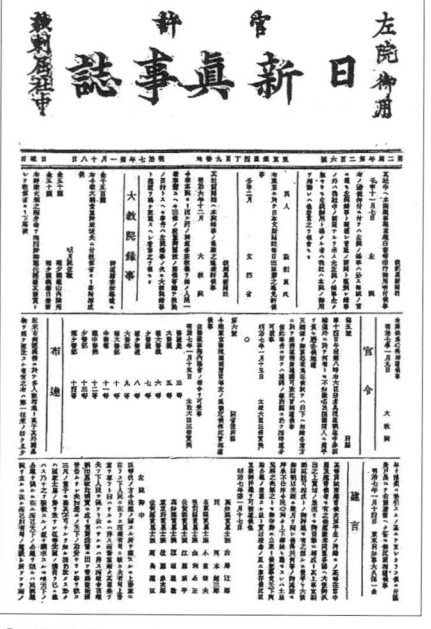

建白書に反対の論を最初に唱えたのは、ドイツ学の泰斗と目され、当時、宮内省出仕の身分にあった明六社社員の加藤弘之▼であった。明六社（一八七三〜七九年）は開成所出身者の多い啓蒙的思想団体であったが、加藤の論旨は、人知の未開な段階での国会開設は衆愚政治を招き、有害無益で時期尚早である、というものであった。愛国公党を代表してこれに反論した古沢は、人民の知識を開進し、自主自由の気風を養うためにも、早急に民撰議院を設立すべきであると主張した。また、明六社の森有礼▼は、そもそも一八七三年に言論の自由を規制する新聞紙発行条目を定めたのは建白書提出者たちが在官中のことではないかと批判し、「民撰議院」の意味も不明である、と論じた。同じ明六社の西周▼も、租税を出すことと政府の施策について議論をすることとは別で、人民の権利の保護は、抑圧の政治が行なわれず司法が公平であれば可能である、として建白書に反論した。

一方、議院開設論の立場から加藤らの衆愚政治論に反論したのが、当時陸軍省に出仕していた大井憲太郎▼で、歳出・歳入など国の重大事には人民も関与する権利がある、と説いた。また、明六社のなかでも津田真道▼は、議院設立賛成論に立って議員の選出の仕方や任期について論じ、西村茂樹▼は、建白者たちに民撰議院設立の具体的方法を提出するように求めた。

ところで、先の反論のなかで古沢は、建白書にいう参政権の所有者は維新の功

▼加藤弘之（一八三六－一九一六）出石藩出身。帝国大学総長、枢密顧問官など歴任。民撰議院論争では尚早論を唱えたが、当初は天賦人権論者。しかし後に社会進化論へ「転向」し民権論を攻撃した。『国体新論』など多数の著書がある。

▼森有礼（一八四七－八九）薩摩藩出身。公議所議長心得など歴任。米国での外交官活動の後、明六社結成。第一次伊藤内閣文相として教育制度改革に尽力。西野文太郎に刺殺される。

▼西周《あまね》（一八二九－九七）津和野藩出身。啓蒙思想家、哲学者。軍制整備にも活躍。主著に『百一新論』『致知啓蒙』など。

▼大井憲太郎（一八四三－一九二二）豊前国出身。民権家、代言人。朝鮮改革を志向し大阪事件を起こす。後、労働者保護と対外硬の運動を展開。

臣である士族および豪農、豪商にかぎられる、と述べている。また、署名者の一人である副島は君主専制主義者といわれ、さらに江藤は、建白の翌月に起こった士族反乱（佐賀の乱）の首謀者となった。このように、建白書には内容、提出者の言行、意識などにおいて不一致なところが多く、歴史的制約をもつ点もあった。さらに、「政令百端、朝出暮改」と政府を批判しても、建白者の多くは数ヵ月前までその政府の要職にあった人々であり説得力も弱かった。しかし、政治の改革を民撰議員による国会を通して行なうという方向を示したこと、「租税共議権」という思想を提起したことの意義は大きかった。自由民権運動がブルジョア民主主義運動の性格をもつ、といわれるのもこうした点にある。

(2) 自由民権思想の受容と普及

「民撰議院」論争を契機に、西洋の近代思想の紹介、新聞や雑誌の発刊による啓蒙活動が進んだ。西洋近代思想の受容・普及という点でいえば、ジョン・スチュアート・ミル▼の著書の一つ『自由之理』（中村敬宇▼訳、一八七二）を一八七三年に読んだ河野広中▼が、自分は「自由権利の重んずべく貴ぶべきを知り、思想上に大革命を起し、従来の思想は根本から打ち砕かれ……自由民権を信条とする、新思想家となった」と語っている例があげられる。

▼**津田真道**（一八二九－一九〇三）津山藩出身。洋学者、啓蒙思想家。新律綱領編纂、陸軍刑法や民法編纂などに関与。

▼**西村茂樹**（一八二八－一九〇二）佐倉藩出身、佐倉藩士。道徳思想家。東京修身学社（現・日本弘道会）創設。文部省編集局長として『小学修身訓』刊行。

▼**ミル**（John Stuart Mill）（一八〇六－七三）ロンドン出身。功利主義思想家、古典派経済学者。主著に『経済学原理』『自由論』など。

▼**中村敬宇（正直）**（一八三二－九一）江戸出身。『自由之理』などの訳書で民権運動に影響。女子教育や楽善会設立などにも尽力。

ミルの『代議政体』(永峰秀樹▼訳、一八七五)、『利学』(西周訳、一八七七)も相次いで出版されている。このほか、翻訳出版された主なものとして、アレクシス・ド・トクヴィル▼『上木自由論』(小幡篤次郎▼訳、一八七三)、シャルル＝ルイ・ド・スゴンダ・モンテスキュー▼『万法精理』(何礼之▼訳、一八七五)、ジェレミー・ベンサム▼『民法論綱』(何礼之訳、一八七六)、フランシス・リーバー▼『自由自治』(加藤弘之訳、一八七六)、ジャン＝ジャック・ルソー▼『民約論』(服部徳▼訳、一八七七)、ハーバート・スペンサー▼『権理提綱』(尾崎行雄▼訳、一八七七)などがある。

一方、一八七四(明治七)年から一八七七年にかけて、自由民権論を鼓吹する新聞や雑誌が次々と発刊された。『朝野新聞』(一八七四)、『共存雑誌』『評論新聞』『采風新聞』(一八七五)、『草莽雑誌』『近事評論』『中外評論』(一八七六)、『海南新誌』『土陽雑誌』『団団珍聞』(一八七七)などがその主なもので、各紙誌は、さまざまな政府批判の意見や自由民権に関する論説などを掲載し、近代思想の形成に大きな役割を果たした。なかでも、『団団珍聞』(主宰野村文夫▼)は、その名のとおりユニークな風刺雑誌で、愛称「まるちん」として国民に親しまれ、関心を集めた。

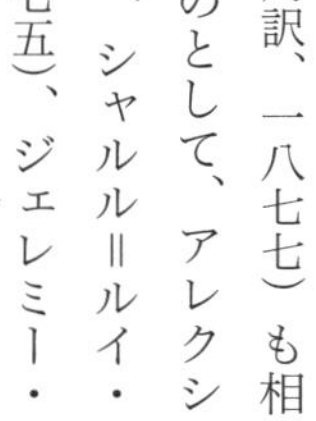
国立国会図書館HPより

▼**河野広中**(一八四九－一九二三)三春藩出身。石陽社や三師社の結成など、福島民権運動の指導者。福島・喜多方事件で弾圧される。

▼**永峰秀樹**(一八四八－一九二七)甲斐国出身。英文学者。ギゾー『欧羅巴文明史』や『アラビアン・ナイト』などを邦訳。

「団団珍聞」(早稲田大学図書館所蔵)

(3) 結社の勃興

自由民権の思想は、政社の結成と連動して深化した。その嚆矢は一八七四（明治七）年四月に誕生した土佐の立志社で、民撰議院設立の要求が拒否されると、板垣らが地方の団結を図るために帰郷し、創設したものである。同社は、「人民の智識を開達し、気風を養成し、福祉を上進し、自由を進捗する」ことを目的とし、立志学舎・法律研究所・商局などを設け、演説討論会も実施するなど広範囲な活動を行なった。立志学舎での学習の目標は、権利の伸張と公共の幸福の増進とされ、法律研究所の設置は、法律を講習し人民の権利を保全するため、とされた。自主自由、権利の拡充を高らかに謳った立志社の創設に、「自由は土佐の山間より」という語さえ生まれた。しかし、当初の立志社は、物産の売買や官有林の払下げに力を入れるなど、士族救済機関としての色彩も強く、士族中心主義的で独善的な考え方もみられた。さらに、「土佐州民」以外は社員としないという閉鎖性ももち、また、結成した四月に、政府の台湾征討を意図した征台の役が起こると、この事態を「国難」ととらえ、「寸志兵編制願」を高知県令に提出するなど、藩閥政府の対外侵略に容易に加担する国権主義も強く同居させていた。

一方、一八七四年一月の建白書に名を連ねた一人、小室信夫も徳島に帰り、同年九月には阿波自助社を結成した。同社への加盟者はやがて二〇〇〇人をこえ、

▼トクヴィル（Alexis-Charles-Henri-Maurice Clérel de Tocqueville）（一八〇五－五九）ノルマンディー出身。貴族。政治学者。主著に『アメリカのデモクラシー』など。

▼小幡篤次郎（一八四二－一九〇五）中津藩出身。慶応義塾長、同社頭など歴任。

▼モンテスキュー（Charles-Louis de Secondat, baron de la Brède et de Montesquieu）（一六八九－一七五五）ボルドー近郊出身。貴族。啓蒙思想家。主著に『法の精神』など。

▼何礼之《がのりゆき》（一八四〇－一九二三）長崎出身。訳者。内務権大丞、内務大書記官、貴族院勅選議員など歴任。訳書にヤング『政治略原』など。

▼ベンサム（Jeremy Bentham）（一七四八－一八三二）ベンタムとも。ロンドン出身。功利主義思想家。主著に『統治論断片』『立法論』など。

大政社へと発展した。この頃、全国各地で結社が勃興し始めていた。立志社や自助社の有志は、これらを連合して一大結社を創立することを考え、翌一八七五年二月二二日、大阪に会同して愛国社の結成を決めた。このとき出席したのは、前記二社のほか、共憂社（豊前中津）、共立社（因幡）、忠告社（加賀金沢）、集義社（伊予大洲）などの関係者六二人で（地域別にみると四国五一人、九州五人、中国四人、北陸二人）、その大半は士族であった。この日の集会で、本部を東京に設置すること、各県各社の通信往来を密にし、交際・親睦をはかること、通義・権利を保護伸張することなど、八ヵ条の「愛国社合議書」が作成された。

しかし、この決議がなされてから一ヵ月後の三月に、板垣が藩閥政府の参議に復帰したため、愛国社はなんらの活動もみることなく自然消滅した。

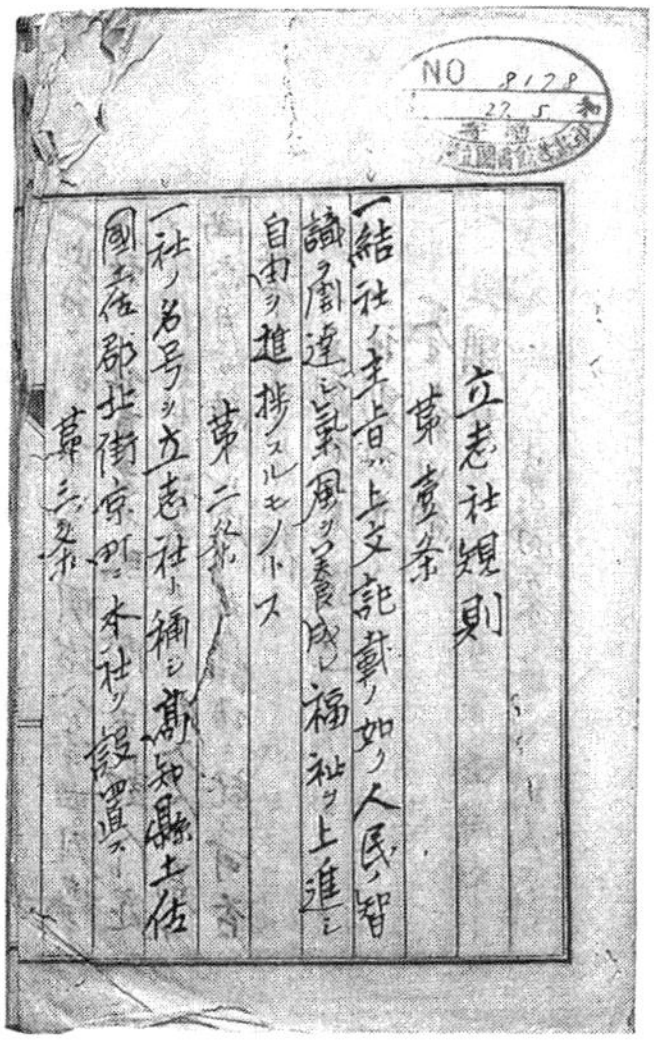
立志社規則
第壹条
一結社ノ主旨ハ上文記載ノ如ク人民ノ智識ヲ開達シ氣風ヲ養成シ福祉ヲ上進シ自由ヲ進捗スルモノトス
第二条
一社ノ名号ヲ立志社ト稱シ高知縣土佐國高知郡北街帯屋町ニ本社ヲ設置ス
第三条

立志社規則（高知県立図書館所蔵）

立志社

▼**リーバー**（Francis（Franz）Lieber）（一八〇〇－七二）ベルリン出身。法学者、政治学者。主著に『A Manual of Political Ethics』など。

▼**ルソー**（Jean-Jacques Rousseau）（一七一二－七八）ジュネーブ出身。フランスの代表的思想家。主著に『社会契約論』『エミール』『人間不平等起源論』など。

▼**服部徳**　生没年、事績未詳。

(4) 言論抑圧の強化

板垣退助の参議復帰は、愛国社結成大会が開かれる直前の一八七五（明治八）年二月一一日、大久保利通▼の肝いりにより同じ大阪で開かれた大久保と木戸孝允▼・板垣退助の三者会談で決定していた。この大阪会議では、国会の準備機関として元老院を設置すること、司法制度確立のため大審院を設けること、地方官会議を開くことなど、政治改革についても話し合われた。板垣の参議復帰と政治改革の決定の裏には、燃え上がりをみせつつあった自由民権運動を早期のうちに抑え込みたいという政府の強い意図があった。

特に政府が、民撰議院設立建白以降、民権運動に対して強い警戒心をもったのは、建白書提出三日前の一八七四年一月一四日に起こった右大臣岩倉具視▼襲撃事件の犯人が旧土佐藩士であったこと、および建白書に名を連ねた江藤新平が、翌月、佐賀征韓党に推されて反動的な士族反乱（佐賀の乱）の首謀者となったこと、などからであった。実際、初期民権運動の担い手となったのは元政府高官や士族層で、自由と民権の確立よりも、反藩閥政府意識から運動に参加している場合が多かった。前述の政治改革はこうした状況への対応、不平有力士族の人心収攬策で、まず一八七五年四月一四日、政府はいずれ立憲政体をとるという「漸次立憲政体樹立の詔」を出した。そして五月に大審院設置を定め、七月に元老院の

▼スペンサー(Herbert Spencer)（一八二〇－一九〇三）ダービー出身。社会進化論で知られる思想家。主著に『社会静学』『総合哲学体系』全一〇巻など。

▼尾崎行雄（一八五八－一九五四）相模国出身。立憲改進党・立憲政友会・憲政会の論客、幹部。「憲政の神様」と称された。

▼野村文夫（一八三六－九一）広島藩出身。団団《まるまる》社社長。他に、滑稽雑誌『驥尾団子』創刊。

▼大久保利通（一八三〇－七八）薩摩藩出身。「維新の三傑」の一人。官僚政治家として強大な権力を有したが、紀尾井坂の変で島田一良らに暗殺された。

▼木戸孝允（一八三三－七七）桂小五郎とも。長州藩出身。「維新の三傑」の一人。五箇条の誓文起草、版籍奉還、廃藩置県などに寄与。

開院式を行なった。

しかし、その一方で政府は、同じ一八七五年六月二八日、讒謗律、新聞紙条例を制定・公布して言論弾圧を強化した。前者は、皇族や官吏への批判を抑圧することを目的としたもので、後者は、新聞・雑誌の発行の認可制、編集人・印刷人の届出制、法・政府・国家批判などに関する処罰を定めたものであった。

新聞紙条例違反第一号は、同条例批判の記事・投書を掲載した『東京曙新聞』主筆の末広鉄腸（重恭）▼で、一八七五年八月、禁錮二ヵ月、罰金二〇円に処せられた。翌一八七六年一月には、小松原英太郎▼が『評論新聞』に「圧政政府は転覆すべきの論」を書いて禁獄二年、その翌月、植木枝盛が『郵便報知新聞』に「猿人君主」（人ヲ猿ニスル君主）を投書して禁獄二ヵ月に処されるなど、同条例施行後多くの記者が投獄された。言論弾圧で看過しえないのが、徳島県で起こった「通諭書事件」である。

この事件は先の「漸次立憲政体の詔」を解説するかたちで、一八七五年七月に阿波自助社が「通諭書」を印刷・配布したことに端を発した。すなわち同書によれば、三権分立（権力分立）は重要であって、天子は国王という国家の一役人、政府の長官であり、立法官は国の最上の重役で公選される者、行政官と司法官は公共の傭人である、と説かれていた。

▼**岩倉具視**（一八二五－八三）京都出身。公卿。新政府の中枢人物。外務卿、右大臣、遣外使節団全権など歴任。華族保護に尽力。

▼**末広鉄腸（重恭）**（一八四九－九六）宇和島藩出身。『曙新聞』や『朝野新聞』の編集長など歴任。自由党脱党後は政治小説を執筆。主著に『雪中梅』など。

▼**小松原英太郎**（一八五二－一九一九）備前国出身。民権家、後に山県系官僚。『評論新聞』、『山陽新報』編集長を経て、外務書記官、内務省警保局長、内務次官など歴任。

このような政治認識は、自助社が国民主権主義に基づく近代的立憲思想をもっていることを示すものであった。しかし、倒幕派の「王政復古」宣言に源をもつ藩閥政府側からすると、同書の内容は大不敬・官吏誹謗・政治妨害の「国事犯」にあたるものと映り、同書の配布をただちに禁止するとともに、自助社幹部を逮捕し、大審院で審理した。判決では、四人が禁獄一～二年の刑に処せられた。この処断の裏には、自助社を解体させようとする政府の意図があったことは明瞭であるが、刑の軽重にとどまらない重大な問題も伏在していた。それは、藩閥政府の唱道する天皇制イデオロギーに対し、自由民権派の人々が当時の先進国であった西欧流の天賦人権思想を楯に、国会開設要求を掲げた闘いに立ち上がった、ということであった。幕末維新期、薩長を中心とする倒幕派は、天皇を「玉」という隠語で表現し、玉を味方に入れなければ志士・壮士の心も乱れ芝居は大崩れになる、と述べた。ここでいう「芝居」とは倒幕運動のことである。田中彰▼の指摘によれば、玉には、「ギョク」としての絶対性と、「タマ」としての政治的策略性とが内包されており、後者が「芝居」と関連づけられて語られるとき、天皇はきわめて相対的な存在となった。そして、「玉」を手中にして官軍となった倒幕派は徳川幕府を打倒し、「王政復古」を宣言したのである(『明治維新政治史研究』青木書店、一九六三年)。

しかし、武力で政権奪取には成功したものの、いまだ脆弱な基盤のうえにあっ

▼田中彰(一九二八-二〇一一) 北海道大学教授。主著に『近代日本の歩んだ道――「大国主義」から「小国主義」へ』(人文書館、二〇〇五)。

た藩閥新政権は、自己の正当性を得るために、この「玉」を最大限に利用して、天皇は、民衆を封建的桎梏から解放した政治的支配者であるとともに、歴史的、民族的に絶対的で、かつ正当な支配者であるということを国民の間に広く自覚させる必要があった。こうして倒幕派新政府官僚は、早速、天皇はアマテラスオオミカミ（天照大神）の子孫で宗教的・伝統的権威をもち、かつ仁恵深い政治的絶対君主である、という内容を記した「人民告諭」を発した。さらに、それを国民一般に周知徹底させるため各地方への「巡幸（行幸）」に意を注いだ。

しかし、一八七〇年代においては、天皇の政治的・法的位置づけや整備はまだ容易に進んでおらず、一八七五年制定の讒謗律で「皇族ヲ犯スニ渉ル者ハ禁獄一五日以上二年半以下　罰金一五円以上七百円以下」と処罰規定を設けた程度であった。天皇に言及した通諭書事件は、このような状況のなかで起こった。そこで政府は、「天皇像」を自由民権派に奪われないようにするため、特別の成文規定を必要としない「国事犯」で関係者を捕縛し、有罪としたのである。実際この事件は、起訴も判決もきわめて曖昧なままになされている。

(5) 地方民会の興起

通諭書事件などにみられた政府の弾圧は、その唱道する欧化政策と矛盾するものであった。そして、このような弾圧にもかかわらず、西欧の近代思想は時代の思潮として着実に国民の間に浸透していった。このようななかで、先にみた政社の結成とともに注目されるのが、各地での民会（区会や県会）の創設である。明治政権成立以後、地方豪農層の多くは、区長や戸長（現在の町村長）の役についていたが、政治思想の深化と相まって、みずからの住む地域に民会を興すことに意を注ぐようになった。

たとえば、前述の河野広中は、磐前県常葉区（第四大区小一四区、現在の福島県田村市）の戸長を務めていた一八七三（明治六）年、民意に基づいた政治を行なわなければならないと考え、区内に区会および町村会を自主的に創設し、住民の意思を政治に反映させるようにした。このような民会の活動を一層促す契機となったのは、一八七五年六月に開かれた第一回地方官会議であった。同会議は、官選の府知事・県令を議員として開かれたもので、道路・堤防、地方警察、地方議会、貧民救助法、小学校設立問題などが議題として掲げられた。しかし、会期切れなどの理由で地方民会などの審議は見送られようとした。このとき、傍聴を許され会議を見守っていた地方の代表者は、人民の権利の伸張を図るため公選民会開設の討議を求める意見書を早速作成し、地方官会議や元老院に提出した。その結果、地方官会議は延長され、討議の末、区長・戸長会の開催を認める方向が示されたのである。こののち、各地で府県会、区会、町村会の設置問題が検討されるにいたっている。

(6) 地租改正反対一揆と士族反乱

大阪会議後の政局の安定を背景に、政府は一八七六（明治九）年、地租改正に応じない者に対し、地価を一方的に決定し収税を命ずるなど、地租改正事業を強行した。そのため全国各地で地租改正反対一揆が起こった。なかでも、一八七六年から一八七七年にかけて生起した茨城県、三重県地方の大一揆は特に知られ、後者の受刑者は五万七〇〇〇人にも達した。このような国民の動きに政府も地租率を〇・五％引き下げることを余儀なくされた。「竹槍でドンと突出す二分五厘」という川柳は、この状況を詠んだものである。これらの一揆で注目すべきことは、一揆の指導者のなかに地域の行政にあたる有力者、豪農層もいたことであり、そのなかからやがて自由民権運動に参加する人々もみられるようになったことである。

一方、士族に対し政府は、秩禄処分（一八七六年）を実施し、廃刀令（同年）を公布するなど、特権を次々に奪っていった。その結果、中国、九州地方では、萩の乱、熊本神風連の乱、秋月の乱（いずれも一八七六年一〇月）など、士族の反乱が続発した。一八七七（明治一〇）年の西南戦争は、最大にして最後の士族反乱であった。

西南戦争のさなかの一八七七年六月、立志社（総代片岡健吉▼）は、政府の専制政治を厳しく批判した建白書を天皇宛に提出した。この建白書には、その後の民権運動の基本的要求の骨格となる国会開設、地租軽減、条約改正の三件が初めて体系的に示されていた。立志社は、板垣の参議再辞任（一八七五年一〇月）を契機に反政府的立場を明確にしていたが、社内には林有造▼など西郷隆盛▼の反乱行動に加担しようとして武器購入を計画、発覚して捕えられるなど（八月、立志社の獄）、まだ士族意識から完全に脱却していたわけではなかった。

しかし、建白書は政府の近代化＝富国強兵政策に対する国民の不満を吸い上げており、立志社が士族結社としての独善性を克服しつつあることを示した。そしてそれは「土佐国州会」という、広く土佐住民の声を政治に反映させようとする民会開設活動へと連動していった。すなわち、一八七八（明治一一）年に入ると植木枝盛らは土佐国州会の設置に尽力し、州会では「県税賦金之事、公有財産之事、公立病院及貧民救助之事」などを審議決定し、県庁にその実施を求める運動を行なったのである。それは、自由民権運動のその後の広がりと深まりを予知させるものであった。

▼**片岡健吉**（一八四三－一九〇三）土佐藩出身。立志社社長、衆議院議長など歴任、自由党土佐派の領袖。キリスト教教育にも尽力。

▼**林有造**（一八四二－一九二一）土佐藩出身。維新後は藩参事、外務省出仕など歴任。下野後、立志社挙兵計画に関与。その後自由党土佐派の領袖。

▼**西郷隆盛**（一八二七－七七）薩摩藩出身。「維新の三傑」の一人。御親兵設置、廃藩置県に尽力。留守政府の中心。西南戦争に敗れ自刃。

2　運動の高揚（一八七八〜一八八一年）

一八七七（明治一〇）年五月に木戸孝允が病死し、九月に西郷隆盛の自刃で西南戦争も終わり、翌一八七八年五月には大久保利通も刺殺され、いまや「維新の三傑」はなく、藩閥政府の指導者は、伊藤博文▼、大隈重信、山県有朋▼らへと交代した。そして施政は、国内の混乱の収束から、国家秩序の建設へと向かった。以後一〇年余、天皇に絶対的な権威・権力を集中する中央集権的国家の創設か（藩閥政府）、「万機公論ニ決ス」る国民主権・責任内閣制を基調とする近代民主主義国家の構築か（自由民権運動）、日本の近代化構想をめぐって二つの路線が鋭く対立・拮抗することとなる。

(1)　愛国社の再興

この時期の運動の第一歩をしるしたのは、一八七八（明治一一）年四月末からの土佐立志社社員の地方遊説であった。すなわち、前年六月の建白書に記した三大要求の実現貫徹のためには広く民権家の団結が必要と考えた立志社は、愛国社の再興を決議し、植木枝盛、福井の杉田定一▼らを西日本各地に派遣して、決議の

▼**伊藤博文**（一八四一－一九〇九）周防国出身。大久保死後、参議兼内務卿。初代総理大臣、計四度組閣。憲法起草、華族令制定、枢密院創立などに尽力。元老。初代韓国統監辞任後、安重根《アンジュングン》に暗殺される。

▼**山県有朋**（一八三八－一九二二）長州藩出身。徴兵制実現、軍人勅諭制定など軍制に与り、後に陸軍の長老。参謀本部長、内務大臣、枢密院議長など歴任。二度組閣。元老。「山県閥」を形成し強い影響力を持った。

▼**杉田定一**（一八五一－一九二九）越前国出身。郷里で民権結社・自郷社設立、地租改正反対闘争を指導、南越自由党結成。後、北海道庁長官、衆議院議長、政友会幹事長など歴任。

趣旨を説かせた。その努力が実を結び、九月には一一県、四〇人余の代表および有志が大阪に会して愛国社再興の議を定め、翌一八七九年三月に第二回の大会を開くこと、それまでに多くの同志を集めることなどが決められた。

この決議に従い、一八七九年三月、愛国社の第二回大会が大阪で開かれた。このとき参加したのは一八県、二一社、八〇余人で、同大会では、四国、中国、九州、大阪以東の四組に分けて組織の拡大を図ること、愛国社の経費は各社四〇円を拠出し不足分を立志社が負担すること、などが決められた。地域的な広がりをみせつつも、関西以西が中心で、まだ立志社主導のものであった。しかし、同年一一月に開かれた第三回大会になると、この性格は変わってきた。すなわち、福島県の石陽社、三師社、福井県の自郷社、茨城県の潮来社、山梨県の峡中新報社など東北、北陸地方の政社も参加する全国的なものとなり、しかも各社の主体性が確保されるかたちとなったのである。すなわち、同盟各社は天皇宛の「国会開設願望書」をそれぞれ作成し、翌一八八〇年三月の大会に総代が持ち寄ること、「願望書」は、各社個別連署ののち愛国社総代が一括して提出することとなった。また、東京に支社を設置することが決められ、全国遊説委員に、河野広中、杉田定一、北川貞彦▼が選出された。ここで高知県以外の河野や杉田が選ばれたことは立志社の地位の相対的低下、豪農民権家の政治的成長を示すものであった。

▼**北川貞彦**（一八五六－一九〇三）土佐藩出身。民権家、代言人。立志社憲法草案「日本憲法見込案」の起草者。

(2) 豪農層の政治的登場

結社活動や民会の開設、地租改正反対一揆など、地域民衆の運動は、絶対主義的天皇制国家の確立を目指す藩閥政府指導層にとって看過しえない大問題であった。また、政府の財政的苦境を打開するためにも、新たな対応が迫られることとなった。そこで一八七八（明治一一）年七月に制定・公布したのが、三新法と呼ばれる郡区町村編制法、地方税規則、府県会規則である。これらの内容は、明治初年に創設した行政村制度（大区小区制）を廃止し、自然村落の共同体秩序をもとに、内務卿→府県知事→郡長→区長・戸長という縦の官僚統制組織を強化すること（郡区町村編制法）、地方税の税目および地方税で支払う費目を明確にするとともに、地方税の増徴を図ること（地方税規則）、地方税で支払う経費の予算とその徴収方法を審議するため府県会を開設すること（府県会規則）、というものであった。

政府側の府県会開設のねらいは、地方の豪農・名望家層を体制内に取り込み、地方政治・行政の安定化を図ろうとするものであった。しかし、この政府の意図は裏目に出て、結果的に豪農層が政治の舞台へ登場することを認め、政府・県令などとの対立者の位置に立たせることとなった。彼らは、階層的にも自生的なブルジョア的発展の先頭にいる地主的富裕農民層で、国家の進める「上からの資本主義化」とは対立する階層に位置した。そしてその政治的意思は、県令や郡長の公選要求など、地方自治の獲得・確立運動として府県会で発揮された。

一八七九（明治一二）年七月、千葉県武射郡小池村（現在の山武郡芝山町小池）の桜井静▼は、このような府県会議員たちを対象に、「国会開設懇請協議案」を書き、これを『朝野新聞』などに発表、全国の府県会議員が国会設立法案を審議するため東京で大会を開き、国会開設の認可を政府に懇願するように呼びかけたのである。早速これに呼応する動きが茨城・岩手・新潟などをはじめ全国的にみられ、岡山県会は一致してこれに賛成し、山陽道諸県に県会議員連合会をもとうと呼びかけた。この提案は官選の県令によって中止させられたが、県議有志は両備作（備中、備後、美作）三国親睦会を中心に郷党親睦会を結成し、国会開設の署名集め、請願運動に立ち上がった。一八七九年一二月二九日、忍峡稜威兄▼らは檄文「同胞兄弟に告ぐ」を飛ばし、さらに同日、三一郡二万五〇〇〇人に及ぶ署名を得た「国会開設之義ニ付建白」を元老院に提出した。

檄文には「嗚呼我同胞三千五百有余万の兄弟よ、……何ぞ進で国会の開設を懇願せざる、何ぞ奮て民権の伸暢を欣慕せざる」と記され、その熱っぽい美文は、当時の若者の心をとらえ、「この時分の人でこれを暗唱しない者はなかった」とまでいわれた。在地に根をおろした、主として県議層を中心とするこのような運

▼**桜井静**（一八五七－一九〇五）下総国出身。千葉唯一の政論紙『総房共立新聞』創刊。私擬憲法起草。千葉県会議員、衆議院議員。北海道開墾事業にも尽力。大連にて自殺。

▼**忍峡稜威兄**《おしおいつえ》（一八五三－一九一七）備中国出身。岡山県会議員。両備作三国親睦会代表。

動は、愛国社系結社の潮流に対し、在村的潮流あるいは在地民権結社の潮流と呼ばれている。

(3) 都市民権派の活動

　愛国社が「都府の地に於て結成したる社は、人員の多少に拘はらず渾《すべ》て入社を許さざる者とす」（「愛国社再興合議書」）としたために、東京の政社や演説団体は愛国社に参加しなかった。しかし、東京においても、主として知識人がさまざまな結社を創設し、一八七九（明治一二）年頃より一段と活発に演説・討論活動を行なうようになった。また、前にふれた新聞や雑誌で、あるいは新しく、『嚶鳴雑誌』（一八七九）、『交詢雑誌』（一八八〇）など、紙誌を発行して盛んに政府攻撃を行ない、民衆啓発に努めた。

　このような都市民権派の職業は、ジャーナリスト、代言人（弁護士）、教員などに大別される。まずジャーナリストたちは、嚶鳴社、交詢社、共存同衆などのような演説団体、新聞・雑誌を武器とする言論団体のかたちをとって活躍した。次に弁護士のグループは北洲社、講法学社など、代言事務所を中心に活動した。教員の果たした役割としては、中江兆民▼の仏学塾の教育活動などがあげられる。

　都市民権派のなかで特筆されるのは沼間守一▼の活動である。彼は幕臣として洋

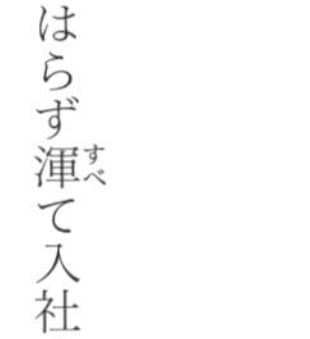

国立国会図書館HPより

▼**中江兆民**（一八四七－一九〇一）土佐藩出身。フランス学の泰斗、民権思想家。『東洋自由新聞』『自由新聞』『東雲新聞』などの主筆。主著に『三酔人経綸問答』など。

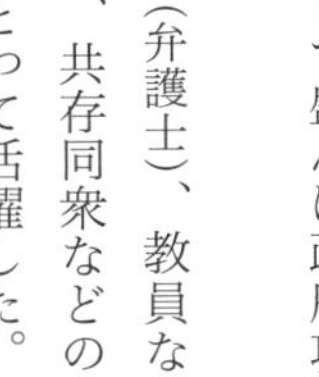

▼**沼間《ぬま》守一**（一八四三－九〇）江戸出身。民権派ジャーナリスト。嚶鳴社を設立、『嚶鳴雑誌』を刊行。また、『東京横浜毎日新聞』社長。

学・兵学を学び、維新後はヨーロッパで司法制度の調査などに従事、元老院などに勤めた知識人であった。官吏のかたわら、彼は国民の政治意識の高揚に努めるため、一八七四（明治七）年、法律講習会を東京下谷に開設、のちこれを嚶鳴社と改めた。

嚶鳴社は、「関の東、政談を以て鳴る者は誰ぞや、嚶鳴社これなり。関の西、政談を以て鳴る者は誰ぞや、立志社これなり」といわれたほどで、盛んに啓蒙活動を行なった。社員の活動の内容は、演説・討論会、地方遊説活動、新聞・雑誌の発行など多様であった。演説・討論会には、政府の役人も含めさまざまな人が出入りし、活況を呈した。地方での遊説活動では、少しでも多くの人に参加してもらうため、学校や寺院はもちろん、辻堂・店頭から養蚕室、倉庫までをも会場にし、演説を行なった。このような活動の結果、関東地域を中心に多数の支社が創設された。

沼間は一八七九（明治一二）年五月、政府が官吏の政談演説を禁止すると、ただちに抗議の演説を行ない、その後官職を離れて『嚶鳴雑誌』を創刊、『横浜毎日新聞』を買収し『東京横浜毎日新聞』として経営・編集にあたった。一八七九年末から翌年にかけて、嚶鳴社員肥塚龍▼が『東京横浜毎日新聞』紙上に社説として執筆した「国会論」は、国会開設運動に大きな影響を与えた。一八八〇（明治

▼**肥塚龍**《こいづかりゅう》（一八四八－一九二〇）播磨国出身。嚶鳴社社員、衆議院議員。農商務省鉱山局長、東京府知事、衆議院副議長など歴任。後年実業家としても活躍。

一三）年一一月に開かれた「国会期成同盟」第二回大会には都市民権派も参加した。こうして愛国社系結社、在地民権結社、都市民権結社の三潮流が合流し、運動の主体が確立した。

(4) 国会期成同盟の結成

運動の全国的な高まりに驚いた政府は、次々と取り締まりを強化していった。まず、一八七八（明治一一）年七月、集会・演説を警察官に視察させ、民心を扇動し国安を妨害すると認めたものを禁止させることができるようにした。同年一二月には、警察官に政談演説会監視、集会停止の権利を与えた。さらに前述のように、官吏の政談演説活動を一切禁止した。この措置は、その多くが官吏でもあった都市知識人には大痛手となり、運動への参加が著しく制限された。

一方、一八七八（明治一一）年の八月に発生した近衛砲兵隊の蜂起、いわゆる「竹橋事件」に政府の受けた衝撃は大きく（待遇問題がおもな蜂起理由だが、蜂起兵士には民権思想があったことも指摘されている）、早速同月、軍人の守るべき徳目を定めた軍人訓誡を示達した。これは四年後の軍人勅諭につながった。また、同年一二月には、「統帥権の独立」の発端となる参謀本部条例が制定された。さらに翌一八七九年には、兵役年限の延長・免役範囲の縮小など、徴兵令が改正され、国民の軍事義務が強化された。

このような状況下、一八八〇（明治一三）年三月、二府二二県の民権家代表一一四人は、愛国社第四回大会を大阪、北野の太融寺で開催した。大会では、会名を「国会期成同盟」とすることとし、国会開設の要求が実現するまでは同会を解散しないこと、目的貫徹の際は国会開設規則制定委員の選出方法案を政府に示すこと、要求が拒否された場合には一一月に東京で大集会を開くこと、などが決められた。また、一〇万に近い人々の委託を受けた「国会を開設するの允可を上願する書」が起草された。そこには、国民主権の原理に立ち、君民共治の政体の樹立、租税共議権および財産審議権の確立、不平等条約の改正などが記されていた。

この「上願書」の提出委員に選ばれたのは、片岡健吉と河野広中であった。両名は四月一七日、太政官へ出頭、同書の受理を要求したが拒否され、以後受理を一切拒む政府との間に二〇日間にわたる交渉が続けられた。しかし、人民には政体改革に関する天皇への請願権はないとして、政府は要求をはねつけた。この国会期成大会に挑戦するかのように、政府は大会開催中の一八八〇（明治一三）年四月五日、突如、プロシアの弾圧法に学んだ集会条例を公布した。それは、政治に関する演説会・集会は警察の認可を受けるものとし、政社の結成に際しては社名・社則・社員名の届け出と認可を義務づけ、演説会への警察官の臨監権・解散権を認め、他結社との連結・交流を一切禁止するなど、過酷なものであった。同条例の施行により、届け出のわずらわしさから、あるいは社員資格に抵触して、解散を余儀なくされる結社も少なくなかった。また、高知県では演説を傍聴していた小学生が罰せられたうえ、その親およびこれを報道した新聞記者までが処罰されるなど、弾圧は狂気じみたものになった。

(5) 国会開設上願書建白・請願

政府の高圧的な諸方策は、しかし、かえって民心を激昂・鼓舞する作用を果たした。網の目のように張りめぐらされた法令と官憲の弾圧行為にもかかわらず、自由と権利、国会開設を求める運動は、一八八〇年前後には一大運動として全国的に燃え上がった。その内容を示す第一は、建白書・請願書の数である。江村栄一▼は、国会開設の建白・請願数は、一八六七(慶応三)年から八一(明治一四)年の一五年間で一四〇件(うち請願四〇)、署名者数約三二万人、このうち一八八〇年は八五件(うち請願三五)、署名者約二五万人に上っていることを明らかにしている。全体のなかに占めるこの年一年の割合は、件数で六割強、署名者数で八割弱となっており(ちなみに集会条例施行後の建白数は月不明のものを除き六四件)、

▼江村栄一(一九三一－二〇〇七)法政大学教授。主著に『明治の憲法』(岩波書店、一九九二)。

月平均七件、二万余の国民が政府へ建白、請願を繰り返したのである。

第二は、結社の動向である。自由民権期は「結社の時代」といわれるほど、さまざまな結社が各地で誕生した。主としてそれらは、政治・学習・産業・生活・信仰結社などに分類され（鹿野政直▼の見解）、一八七四（明治七）年から八四（明治一七）年までの間に誕生した結社（政党支部も含む）数は、現在判明しているものだけでも約二〇〇〇を数える（新井勝紘の研究）。

第三は、演説会・討論会の興隆であって、演説会では「弁士中止！」の一声とともに拘引される者が続出した。しかし、聴衆はこのような光景にたじろぐこともなく、「やりなんせ、やりなんせ、負けてもかまん、やりなんせ、やりなんせ」と言って弁士を応援したという。また、「一ツとせ、人の上には人ぞなき、権利にかはりがないからは、コノ人じゃもの、二ツとせ、二ツとはない我が命、すてても自由のためならば、コノいとやせぬ、三ツとせ、民権自由の世の中に、まだ目のさめない人がある、コノあはれさよ……」と、植木枝盛の作詞した「民権かぞへ歌」が、この時期よく歌われた。歌は二〇番まであり、文明への憧憬、国民の覚醒、自由・権利獲得への情熱が高らかに謳われている。

以上のような政治熱の高揚のもとで、一八八〇（明治一三）年一一月、全国二府二二県一三万余人の代表六四人が東京に参集し、「国会期成同盟」第二回大会

▼**鹿野《かの》政直**（一九三一－）早稲田大学名誉教授。主著に『鹿野政直思想史論集』第一巻～第六巻（岩波書店、二〇〇七～〇八）。

を開催した。大会では、同盟の名を「大日本国会期成有志公会」と改めることが決められ、「国会期成同盟合議書」や「遭変者扶助法」が定められた。彼らは、翌一八八一年一〇月一日より東京で再び会議を開くことを約束し散会したが、この大会は次の三つの点で大きな意義があった。一つは、前述のように民権運動を指導・推進した三潮流が一体となったこと、二つ目は、大会で政党結成の問題が議論されたことである。政党問題は採択されるまでにいたらなかったが、大会終了後、沼間、植木らは「自由党結成盟約」を結んでいる。そして三つ目は、加盟結社は憲法草案を起草し、一年後に持ち寄ることを決めたことである。

(6) 私擬憲法案の起草

国会期成同盟の第二回大会で、次回に憲法草案を持ち寄るという決議がなされたことは、国民の自由民権思想の学習熱をいっそう高揚させた。現在判明している明治前期の憲法草案は五〇編前後を数え、そのうち民権派作成のものは条文がわかるものだけでも三〇編近くに上る。一般の国民が、自分自身の手でこのように多くの憲法草案をつくったのは、古今東西の歴史をみても未曾有のことであった。

内容は概してイギリス流の議院内閣制をとっているものが多い。しかし、なかには人権規定に細心の配慮を払った、きわめて民主主義的な卓越した内容をもつものもある。植木枝盛起草とされる「東洋大日本国国憲案」と千葉卓三郎▼起草の「日本帝国憲法」（五日市憲法）は、いずれも二〇〇条を超える条文をもっており、国民の人権保護の規定を徹底させていることで有名である。

植木案で特に知られる条文は「政府威力ヲ以テ擅恣暴逆ヲ逞フスルトキハ日本人民ハ兵器ヲ以テ之ニ抗スルコトヲ得」という抵抗権の規定、および政府が憲法に背いた場合には、「之ヲ覆滅シテ新政府ヲ建設スルコトヲ得」という革命権の規定である。同案は「日本国ノ最上権ハ日本国民ニ連続ス」という国民主権、一院制の採用をうたい、言論集会などの自由権はもちろん、国籍離脱権にまで触れている。

千葉案が五日市憲法と呼ばれるのは、それが多摩五日市（現東京都あきる野市）の住民との共同学習によってなったものだからである。起草者の千葉は宮城県出身の放浪の知識人で、精神的辛酸をなめた人といわれる。当時五日市は、「五日市学術討論会」など民権家を中心とした学習熱に燃えていた地域で、彼を受け入れるのに格好の地であった。千葉もまた同地で自由民権の炎を燃焼させた。同草案の特色は、国民の諸権利、立法権、特に国家権力の干渉・迫害によって個人の自由権が侵されたときの保護規程に細心の注意が払われていることであ

▼**千葉卓三郎**（一八五二－八三）仙台藩出身。民権家、五日市勧能学校教師。「五日市憲法」起草後、病没。

▼**小田為綱**（一八三九－一九〇一）陸奥国九戸郡宇部村出身。盛岡藩校作人館寮長。真田太古事件に連座し投獄され、出獄後「憲法草稿評林」を書く。八戸義塾を開いて教育にも尽力。衆議院議員（当選二回）。

る。

　また小田為綱▼文書のなかにある「憲法草稿評林」は、一〇〇年後の一九八〇年代に入って特に注目されるようになった。元老院の起草した「国憲」第三次草案（一八八〇年一二月）の各条文ごとに、二人の評者が意見を記入しているものである。君主制に関し「皇帝廃立の権」「廃帝の法則」と、リコール、廃帝問題にまで触れられている特異なものである。評者の一人が小田為綱であることはほぼ確認されているが、他の評者に関してはいまだ特定されていない。

(7) 政府の立憲構想

　先に指摘したように、一八八〇（明治一三）年にはきわめて多くの建白・請願書が提出された。これに対して政府は、同年一二月九日、人民の上書はすべて建白（政府に意見を述べる）として元老院で扱うとし、国民の請願（天皇に直接願い出る）の権利は一切認めないこととした。さらに、自由民権派の憲法草案起草運動が発展することを危惧し、運動の弾圧を一層強めた。

　しかしこのような民権運動の高揚に、政府においても立憲政体の早期採用はもはや不可避との考えが支配的となっていた。そこで政府は、一八八〇年一二月、かねてより憲法の編纂事業にたずさわっていた元老院に憲法草案を起草させ

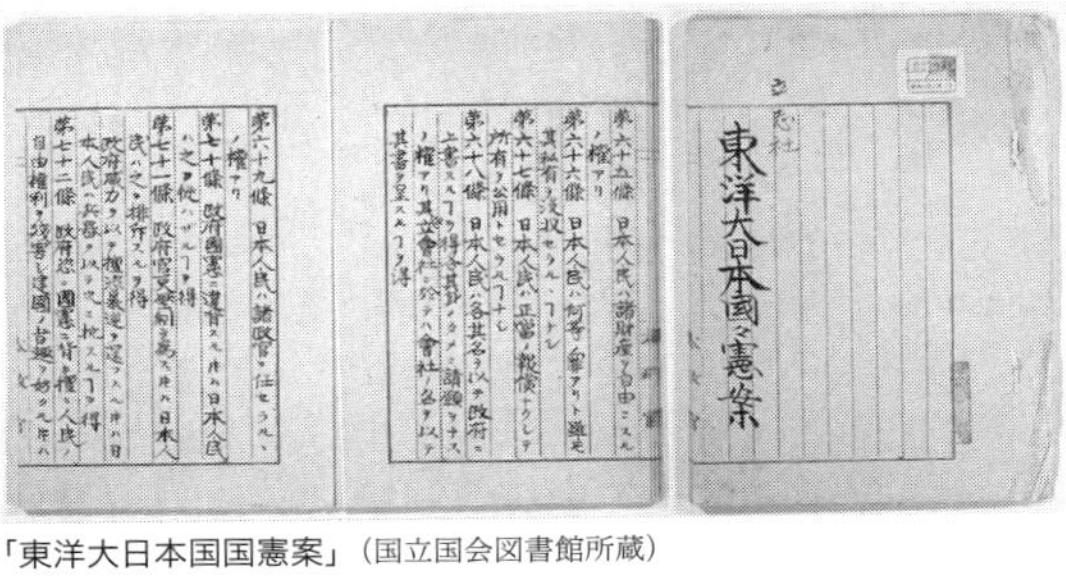

「東洋大日本国国憲案」（国立国会図書館所蔵）

（第三次草案）、提出させた。しかし、同草案は自由主義的であるとして採用しなかった。これと並行して、三条実美▼（太政大臣）・岩倉具視（右大臣）ら政府首脳は、黒田清隆▼・井上馨▼・伊藤博文・大隈重信ら諸参議に、立憲政体に関する意見書を提出させた。最も顕著な対照をみせたのは、大隈参議の意見（一八八一年三月提出）とそれ以外の人々の主張であった。

すなわち、大隈を除く各意見書が概して抽象的で、天皇の権威・権力の確立に意が注がれていたのに比して、大隈案は、その年の一八八一（明治一四）年中に憲法を制定し、同年末ないし翌一八八二（明治一五）年初頭に公布、同年中には議員を召集し、一八八三（明治一六）年初頭には開院すべきである、と主張するなど具体的で内容も急進的であった。さらに、「立憲の政は政党の政なり。政党の争は主義の争なり。故に其主義過半数の保持する所と為れば、其政党政柄を得べく、之に反すれば政柄を失ふべし」と、明確にイギリス流の議院内閣制（責任内閣制）の採用を主張した。自由民権派の主張と変わらない大隈の立憲政体構想に、他の参議たちは大きな衝撃を受けた。ひそかに同意見書を太政大臣より借覧した伊藤の反発は特に強く、一八八一年七月五日に大隈と会見し、「君権を放棄するものだ」と激しく非難した。

政府部内の保守派が、民権運動の高揚と重ね合せて大隈の姿勢に危機意識を増幅

▼**三条実美**（一八三七－九一）京都出身。尊攘派公卿。新政府では議定、副総裁、関東監察使、右大臣、太政大臣など歴任。太政官制廃止により内大臣。

▼**黒田清隆**（一八四〇－一九〇〇）薩摩藩出身。箱館戦争を終結させる。開拓次官（後開拓長官）として北海道開拓に尽力。二代総理大臣。元老。

▼**井上馨**（一八三五－一九一五）長州藩出身。大蔵官僚として立身、大蔵大輔として三井など政商保護策を採る。後、外務大臣として条約改正交渉を担当。元老。

させたことは、たとえば一八八一（明治一四）年七月、伊藤博文にあてて書かれた太政官大書記官井上毅▼の意見書の一節、「二三年ノ後ニ至ラハ……政府ヨリ提出セル憲法ノ成案ハ輿論ノ唾棄スル所トナリ、而シテ民間ノ私擬憲法終ニ全勝ヲ占ムルニ至ルベシ」という一文に、よく示されている。井上のこのときの主張は、イギリス風の憲法論が人心をとらえないうちに、政府はすみやかにプロシア流の憲法を採用せよ、というものであって、それは同年七月、欽定・大権主義を基調とする右大臣岩倉具視の「憲法意見」として提出された（起草者は井上毅）。そこには、欽定憲法の体裁をとること、天皇は陸海軍を統率すること、大臣は天皇に対し責任をもつことなど、のちの「大日本帝国憲法」の核となる項目が羅列されていた。

⑻ 明治一四年の政変

政府部内で大隈と伊藤との亀裂をさらに深めさせたのが、折しも生起した「北海道開拓使官有物払下げ事件」であった。この事件は、国が一五〇〇万円もの資金をつぎ込んだ北海道開拓使関係の官有物を、開拓使長官の黒田清隆がわずか三八万円余、無利息三〇年年賦で同郷の政商五代友厚▼らに譲り渡そうとしたものである。これが正式発表前の一八八一（明治一四）年七月二六日（政府発表八月一日）、民権派の『東京横浜毎日新聞』で暴露されると、政府批判の国民世論は、

▼**井上毅**《こわし》（一八四三－九五）熊本藩出身。憲法、皇室典範、教育勅語などの起草者。

▼**五代友厚**（一八三五－八五）薩摩藩出身。大阪商法会議所会頭、関西貿易社社長など歴任し、関西商工業の発展に献身。

まさに燎原の火のごとく燃え広がった。このとき大きな役割を果たしたのが、都市知識人、なかんずく『東京横浜毎日新聞』『郵便報知新聞』『朝野新聞』などに集うジャーナリストや演説・討論団体の人々であった。また、日頃は政府を擁護する立場にある『東京日日新聞』の福地源一郎▼も、この問題では政府批判の立場に立ち、民権派とともに政府追及を行なった。そして九月二三日、彼らは東京上野の精養軒に高知から上京した板垣を招き、民権派の団結組織のことについて話し合った。しかしこのときは、政党結成の急務を説く板垣に対し、尾崎行雄はこの官有物払下げ問題に全力を注ぎ内閣改造の実現を主張するなど、意見の一致は得られず、すれ違いに終わった。

しかし、国会開設の要求とあわせて、このスキャンダルが新聞や演説会などで激しい政府攻撃の材料として使われたことの意義は大きく、普段は政治に関心の薄い東京の一般住民も、開拓使官有物処分問題に関しては仕事をなげうってまで演説会につめかけたほどであった。また八月に大阪で行なわれた交詢社社員の演説会は、「聴衆数千人、従来優柔ニ慣レタル上国ノ人民モ今回開拓使ノ処分ニ就テハ烈火ノ如ク憤リ……実ニ明治政府運命ノ消長ニモ関スル一大事」にまでなったと伝えられている。建白・請願運動、憲法案起草運動につながる民権運動の最高揚時であった。

▼福地源一郎（一八四一－一九〇六）長崎出身。漸進主義的ジャーナリスト。『東京日日新聞』主筆・社長。晩年は政治小説執筆や演劇改良運動に尽力。主著に『幕府衰亡論』など。

このような国民の批判の前に窮地に陥った政府の内部にあって、かねて北海道開拓使官有物払下げに強く反対していたのが大隈であった。そこで政府の反大隈派は、新聞へ情報を漏したのも大隈であろうと考え、謀反人視して政府からの追放を策した。岩倉宛の三条の書状の一節に、「到底大隈氏と一和は難整、必内閣破裂之場合に切迫致候事と存候」とあることにも、そのような状況がうかがえる。ただ、大隈罷免のみを行なうことは、国民の反政府運動に油を注ぐようなものであり、できないことであった。こうして北海道開拓使官有物払下げの中止と「国会開設の勅諭」が、大隈の参議罷免に添えて用意された。

勅諭の目的がどこにあったかは、一八八一年一〇月七日、井上毅が岩倉に送った次の書簡にはっきりと示されている。「此ノ勅諭ハ仮令《たとい》急進党ヲ鎮定セシムコト能ハズトモ優ニ中立党ヲ順服セシムベシ、全国ノ士族猶中立党多シ今此挙アラザレバ彼等モ変ジテ急進党トナルコト疑ナシ……此勅言ニ因テ政党ヲ判然セシメ反対党ハ明カニ抵抗ヲ顕ハスニ至ルベシ是極メテ得策ナリ」。すなわち、中立的立場にいる多くの士族を勅諭でひきつけ、反対党がしっぽを出したところでこれを弾圧しようというのである。

こうして一〇月一一日夜、東北・北海道巡幸を終えて帰京した天皇を待って御前会議が開かれ、前述三項の決定がなされた。そして翌一二日、東京が厳戒態勢

明治一四年政変の風刺画　熊は大隈、たこは黒田清隆をさしている（『団団珍聞』1881年10月22日号）。

におかれるなかで大隈の参議追放がなされ、同時に、一八九〇（明治二三）年を期して国会を開くという、いわゆる「国会開設の勅諭」が出されるとともに、払下げの中止が発表された。勅諭の末尾は「故さらに燥急を争ひ、事変を煽し、国安を害する者あらば処するに国典を以てすべし、特に茲《ここ》に言明し爾有衆に諭す」と、威嚇的言辞で結ばれていた。

国会の組織・権限は天皇が決定することで、国民が口を挟むことではない、もし批判したり国安を乱すことがあれば厳しく処罰する、と言明したのである（この年、秋田では政治結社秋田立志社の活動を弾圧する事件が起こっている＝秋田事件）。この文言は、一八八一（明治一四）年六月、「欽定憲法モ亦民議ヲ経ルヲ以テ通例トス」「欽定憲法ハ公布ノ前代議士ヲ招集シ議定セシムルヲ要ス」（「欽定憲法考」）と指摘していた井上毅のわずか四ヵ月前の意見とは著しく乖離していた。民権運動の高揚が、政府に秘密主義をとらせたと考えられる。

3　運動の展開（一八八一〜一八八四年）

沼間守一らが一八八〇（明治一三）年一二月に結んだ「自由党結成盟約」の組織は、その後政党として発展するまでには至らなかった。しかし彼らの行動は、翌一八八一（明治一四）年、東北七州自由党、大阪立憲自由党などを生み出し、自由党結成の機運を醸成させた。板垣も政党結成の必要性を強く主張した。政党の結成と活動は、一定の階層の利害を全国的レベルで組織・集約し、政治に反映させようとするもので、それ自体近代的な内容を有する。したがって、それは運動の質的高まりを示すものであり、その結成と活動は民権運動の一時期の特色をなしている。

(1) 政党の結成と活動

一八八一（明治一四）年一〇月一日、大日本国会期成有志公会の人々は、前年の約束に従って東京に参集した。この日、各地域を代表して上京した人は一〇〇人近くにも達していた。彼らは同日、新たに自由党結成の方針を決め、二日には会名を「大日本自由党結成会」とし、自由党組織案の検討を開始した。この動きの途中で、一二日、政府側からまったく突然、予想外のこととして出されたのが「国会開設の勅諭」であった。この勅諭が出されて、かえって民間の憲法論議は著しく制約を受けることとなり、一〇年後の開設という期日にも批判が出された。「二三年、そりゃ大馬鹿よ、善は急げと書いてある」という流行歌《はやりうた》がうたわれだしたという。しかし、政府が国会開設を明示したことは自由民権運動の大きな成果でもあって、民権派ジャーナリズムも「世論の勝利」と評価し、運動は鼓舞された。

結成された自由党は、一八八一（明治一四）年一〇月一八日以後連日、党盟約などの討議を続け、二九日には総理（党首）に板垣退助を選出するなど役員人事も終了した。党の綱領は、「第一章　吾党は自由を拡充し、権利を保全し、幸福を増進し社会の改良を図るべし、第二章　吾党は善良なる立憲政体を確立することに尽力すべし、第三章　吾党は日本国に於て吾党と主義を共にし目的を同くする者と一致協合して、以て吾党の目的を達すべし」というものであった。

ここに日本最初の民主主義的綱領と規約をもつ全国政党「自由党」が誕生した。党の基盤となったのは、土佐の立志社を主とする愛国社系士族層、豪農層、非特権商工業者層などであった。しかし、誕生まもない自由党に大きな試練が待ち受けていた。党創設の翌一一月八日、京橋警察署が、前掲綱領第二章は集会条例に違反し認められないと告発したのである。この最初の弾圧に、自由党はやむなく同章を削除し、そのうえ罰金まで納めなければならなかった。

第二の試練は、党首を先頭に遊説活動を開始した矢先の翌一八八二（明治一五）年四月六日、遊説先の岐阜で党首板垣退助が暴漢に襲われるという事件が起こったことである。この事件はたちまち中央にも伝わり、後述の立憲改進党は

「板垣君遭難之図」（錦絵）（早稲田大学図書館所蔵）

慰問使を送り、政府もまた勅使を差遣して見舞うほどであった。しかし傷は浅く、大事にはいたらなかった。それのみならず、このとき板垣は刺客をにらみながら「板垣死すとも自由は死せず」との名言を吐いたといわれ、逆に「板垣自由党」は世間の関心と注目を集めるようになった。そして事件の起こった同月中に早くも、『岐阜凶報　板垣君遭難顛末』をはじめ数冊の書物が刊行され、板垣は一躍国民的英雄に祭り上げられた。自由党員の士気は上がり、かたき討ちをしようと死を決して党本部に集まる有志の士もいた。自由党への国民の期待は一気に高まり、党勢も順調に伸びて、六月には『自由新聞』も創刊された。

　自由党がフランス流の民権思想を色濃くもっていたのに対し、二院制議会、政党内閣制などイギリス流の立憲構想を基調とする立憲改進党は、一八八二（明治一五）年三月一四日に結党宣言書を公にし、四月一六日、結党式をあげた。総理には、「明治一四年の政変」で参議を罷免されたばかりの大隈重信が選出された。同党結成の中心となったのは、同政変で下野した小野梓▼らの鷗渡会、沼間らの嚶鳴社、矢野文雄▼らの東洋議政会の面々で、綱領には、王室の尊栄、内治改良、地方自治、選挙権の拡大、通商の拡大、硬貨主義など、六項目が掲げられた。同党は急進主義および保守主義をともに批判し、漸進主義をとることを標榜した。機関紙的役割を果したのが『郵便報知新聞』と『東京横浜毎日新聞』で、

▼**小野梓**（一八五二–八六）土佐藩出身。共存同衆の中心人物。大隈重信に協力し立憲改進党結成に尽力。また、東京専門学校設立に参与。肺病のため夭折。主著に『国憲汎論』など。

▼**矢野文雄**（**龍渓**）（一八五〇–一九三一）佐伯藩出身。『郵便報知新聞』副主筆、後に社長。政治小説『経国美談』で著名。

支持基盤としたのは都市知識人、都市商工業者、地方名望家層などであった。党の領袖は活発な遊説活動を行ない、党勢も自由党同様、着実に伸びた。

一八八一（明治一四）年一一月、大阪では立憲政党が結成された。同党は、中島信行▼を総理とし、一八八二年二月一日には機関紙『日本立憲政党新聞』を発行した。三月には九州で、熊本の公議政党を中心に九州の民権結社が連合し、自由の伸張と権利の拡充、社会の改良と幸福増進、立憲政体の樹立などをうたった九州改進党が創設された。このような民権派の動きに対し、一八八二（明治一五）年三月、政府の御用政党ともいうべき天皇主権を標榜する立憲帝政党が、福地源一郎を党首として結成された。

▼**中島信行**（一八四六－九九）土佐藩出身。自由党副総理、立憲政党総理。衆議院初代議長、イタリア公使、貴族院議員など歴任。

⑵ 政府の憲法制定準備

国会の開設を約束した政府にとって最も大きな課題は、民権派の機先を制して早急に憲法制定の準備をしなければならないことであった。そこで政府はまず、勅諭発布一週間後の一八八一（明治一四）年一〇月二一日、法律規則の起草・審査を行なう参事院を設置し、中央官制の整備を図った。次いで、勅書により憲法調査のため参議伊藤博文にヨーロッパ出張を命じた。伊藤は伊東巳代治▼らを伴って、翌一八八二（明治一五）年三月に出発し、ドイツ、オーストリア

▼**伊東巳代治**（一八五七－一九三四）長崎出身。伊藤系官僚で、憲法などの起草に参与。後、『東京日日新聞』社長、臨時外交調査員など歴任。山県死後枢密院の長老。

でルドルフ・フォン・グナイスト▼、アルベルト・モッセ▼、ロレンツ・フォン・シュタイン▼らについて帝権のきわめて強いプロシア流憲法（プロシア憲法）を学び、一八八三（明治一六）年六月に帰国した。そして一一月には参事院に憲法取調所、一八八四（明治一七）年三月には宮中に制度取調局をおいてその長官となり、憲法や国会規則などの審議を開始した。そこでの基本的な検討課題は、天皇の大権事項の規定、議会審議権の範囲など、憲法の基本骨子の策定であった。憲法の本格的な起草作業が開始されるのは一八八六（明治一九）年秋頃からで、草案作成は極秘裏に行なわれた。

自由民権運動の展開に対して、政府は新たな弾圧策を講じた。まず、一八八二（明治一五）年六月に集会条例を改正し、政社（政党も政社とみなされた）が支部を設置することを一切禁じた。同時に、地方長官（東京は警視長官）に演説禁止や政社の解散権を与えるなど、その権限を大幅に拡大するとともに、運動家への処罰を厳しくした。次に一二月に、主として自由党が運動戦術としていた建白・請願活動を抑えるために請願規則を定め、国民の意見陳述の扉をいっそう閉ざした。さらに、立憲改進党が活動方針としてとっていた建議活動（府県会規則によって保障された府県会の対内務卿建議権の活用）や、組織化のために重視していた府県会議員同士の連絡を抑えるため、府県会議員の連合集会、往復通信まで禁

▼**グナイスト**（Heinrich Rudolf Hermann Friedrich von Gneist）（一八一六－九五）ベルリン出身。法学者。ベルリン大学教授、プロシア下院議員など歴任。明治憲法起草に助言。

▼**モッセ**（Isaac Albert Mosse）（一八四六－一九二五）プロシア、ポーゼン州出身。法律家。明治政府に地方自治制度について助言、市制・町村制を起草。

▼**シュタイン**（Lorenz von Stein）（一八一五－九〇）シュレスヴィヒ＝ホルシュタイン州出身。経済学者、行政学者。ウィーン大学教授。

止した（同年一二月）。

府県会での民権派の活動がめざましかったことは、府県会議員の連絡禁止令が出された一八八二（明治一五）年一二月、岩倉具視が民権派の活動をさして「仏蘭西革命ノ前時ト雖モ恐クハ此形勢ヲ距ル甚タ遠カラサルヘシ」と述べ、「府県会の中止」を説いたことからも明らかで、先の措置はこの意見書への具体的対応であった。このとき岩倉は、また、「海陸軍及警視ノ勢威ヲ左右ニ提ケ、凛然トシテ下ニ臨ミ民心ヲシテ戦慄スル所アラシムヘシ」とも主張した。

こうして警察・軍事力の強化が一気に図られたのである。軍事について具体的にみると、一八八二（明治一五）年一月、天皇は「軍人勅諭」をくだして、軍隊は天皇に直属することを明らかにし、「朕は汝等軍人の大元帥なるぞ」と公言した。まだ、国の仕組みを規定する憲法も制定しないうちに、軍事は政府の権限外にあることを内外に認めさせようとしたのである。そして八月になると、政府は「戒厳令」（戒厳）制度を制定して非常の際の法の停止を定め、一一月には地方長官へ軍備拡張・租税増徴の勅語が発せられ、一二月には陸海軍費の増額決定、翌一八八三（明治一六）年一月には府県への兵事課の設置、同年一二月には徴兵令改正による兵役年限の延長などが図られた。

このほか治安対策として、政府は一八八三（明治一六）年に入ると、四月に新聞紙条例を改め、保証金制度を新設し、社主・編集人・印刷人・著者・訳者を共犯として刑罰を重くし、外務・陸海軍卿には記事掲載の禁止権をもたせるなど、言論取り締まりを一段と強化した。新聞・雑誌の発行数をみると一八八二（明治一五）年のピーク時には一四〇点前後を数えた時事論説紙誌が、一八八四（明治一七）年には半数近くに激減した。また、一八八三（明治一六）年の新聞雑誌発行部数は、前年に比べ約一七〇万部近くも減少した。政府の言論弾圧政策がいかに容赦ないものであったかがよく理解できよう。

また、政府は一八八二（明治一五）年より効力を発した刑法の「不敬罪」を、民権運動弾圧に最大限に活用した。不敬罪適用の特徴は、条文の「不敬の所為」の曖昧性を逆に活用してこれを拡大解釈し、対象も皇祖・皇宗（天照大神に始まる天皇歴代の祖先）にまで広げて適用したことであった。その結果、施行一年目に第一審で不敬罪の有罪判決を受けた者は一四件の多きに達した。

不敬罪適用の第一号は高知の森田馬太郎▼であった。「天皇巡幸よりも板垣の遊説のほうが人心に強い感動を与えた」と演説したことに対し、政府はまず集会条例違反で罰する（演説の中止、演説会の解散、県下での一年間演説禁止）とともに、不敬罪にも触れるとして禁錮四年、罰金一〇〇円、刑期満了後一ヵ年監視の判決をくだしたのである。こうして宗教的意味合いの強かった天皇制イデオロギーが

▼**森田馬太郎**（生没年未詳）土佐藩出身。民権家、自由党員。

法的正当性を与えられ、処罰規定まで備えることになったのである。

(3) 民権派政党間の抗争

結成まもない政党にとって、改正集会条例は過酷なものであった。第一に、法律上政社と認定され、党名・本部位置・規則・党員名簿を管轄警察署に提出し認可を得なければならなくなった。名簿提出によって、党員の行動も著しく制限されることになった。第二に、支部設置の禁止は中央政党の地方的基盤を奪うことになった。たとえば自由党の場合、山形部、福島部、茨城部、阿波部などが相次いで解散の憂き目にあった。その一方で、岳南自由党（静岡県）、北辰自由党（新潟県）などは支部規程を削除し、独立した政党として存続したが、それらの多くは組織が弱体だったため、まもなく解党せざるをえなかった。

しかし、以上のような状況下にあっても、中央の自由党は一八八二（明治一五）年六月頃には、党としての態勢を整え、女性民権家岸田俊子▼は、男まさりの演説で女性の覚醒を訴え人気を得た。奥宮健之▼は人力車夫に働きかけ、彼らの団結に尽力し、「車会党」が生まれた。被差別民も政党の活動に啓発され、人権の平等を求めて運動に参加した。機関紙『自由新聞』は日刊で、最初の発行部数は約八〇〇〇部といわれた。党員は「創業の政党」（変革していく政党）という精

▼岸田俊子（中島湘煙）（一八六三－一九〇一）京都出身。民権家、作家。中島信行の妻。フェリス和英女学校教師。主な作品に『山間の名花』など。肺結核で早世。

▼奥宮健之《おくのみやけんし》（一八五七－一九一一）土佐藩出身。社会主義者。車会党を結成。大逆事件に関与の疑いで逮捕、死刑。

神をもって、党勢拡大に尽力した。立憲改進党も民権派政党としての認識と自負をもって、遊説・演説活動などに力を注いだ。このような民権派の動向に対し、政府は離間・懐柔・弾圧などあらゆる手段を使って運動の鎮圧に努めた。離間策として挙げられる顕著な例は、板垣の洋行である。

岐阜での遭難以降、「板垣死すとも」は不滅の名せりふとして喧伝され、板垣は世間から「民権神」とまで仰がれるようになった。この板垣人気を苦々しく思い、民権運動にさらなる火がつくのを怖れた政府は、党首板垣の洋行を実現させれば自由党は四分五裂すると予測し、遭難三ヵ月後の一八八二（明治一五）年七月、後藤象二郎を動かして板垣の外遊を図った。洋行費用は井上馨が画策して三井（三井家）から出させることになっていた。馬場辰猪▼、大石正巳▼、末広鉄腸ら党幹部は、政党結成後まだ日が浅く前途多難なおり、党首の洋行はその時期ではないと強く反対した。しかし、聞き入れられず逆に馬場は自由新聞社を罷免された。また党外では、同じ民権派の立憲改進党から洋行費の出所をめぐる疑惑を指摘され、洋行は政府の術中にはまるものだと、『東京横浜毎日新聞』『郵便報知新聞』などで批判された。このような党内外の多くの反対の声をよそに、同年一一月一一日、板垣は後藤らを伴ってヨーロッパに旅立った。多くの自由党員・農民の逮捕者を出した「福島・喜多方事件」の大弾圧が起ころうとしていた矢先のこ

国立国会図書館HPより

▼**馬場辰猪**（一八五〇－八八）土佐藩出身。自由党常議員、『自由新聞』主筆。自由党脱党後、渡米して日本紹介、明治政府批判などの言論活動。フィラデルフィアで客死。

▼**大石正巳**（一八五五－一九三五）土佐藩出身。自由党常議員、自由新聞社主。自由党脱党後、渡米したが帰国し、大同団結運動の中心となる。後に進歩党系にも接近。

とであった。

立憲改進党による洋行費疑惑追及に対し、逆に、三菱（三菱財閥）との癒着関係を指摘して立憲改進党を「偽党」と反批判していた自由党は、板垣出立後、この改進党攻撃をエスカレートさせた。翌一八八三（明治一六）年四月の党大会では「偽党撲滅」を活動方針として決定するまでにいたり、五～六月を中心に「海坊主（三菱）退治」、「大熊（大限）退治」などと立憲改進党撲滅活動を展開した。この不毛の泥仕合のさなかの六月、板垣と後藤はヨーロッパより帰国した。

自由党がこのような行動をとった背景には、弾圧・規制によって政府攻撃が困難になり、党の結束強化、党勢拡大もからんで、他党攻撃に走らざるをえなかったことも指摘されている。いずれにしても、政府の離間策に乗せられた板垣洋行は、本来なら相携えてともに政府の弾圧・攻撃を打破して、民権拡張に邁進して然るべき民権党派間に、不毛の抗争をもたらし、敵の藩閥政府を利し、自由民権運動を大きく弱体化させた。

⑷　運動の創意工夫

集会条例や新聞紙条例の改正などにより運動がますます困難になり、また、政党（指導者）間にいがみ合いが生じるなかでも、国民は創意工夫を行なって運動を進めた。たとえば、演説会を開くことが困難になると、趣向を凝らした懇親会・親睦会の形で集まりをもった。一八八二（明治一五）年から一八八三（明治一六）年にかけての新聞には、「自由親睦」と大書した旗や「自由水」「立憲酒」などと記した酒樽を持ち寄り「自由巻狩り」（猪狩り）の形をとった集会や、「運動会」の名の示威運動が開かれている様子が報じられている。運動会の参加者は主として壮士と呼ばれた青年層で、競技としては撃剣（刀剣または竹刀、木刀で身を守り敵を討つ術。剣術）・綱引き・旗奪いなどが行なわれた。

また、演説会はおろか学術講演会までも規制されるようになると、講談演芸の手法で運動の普及を図った。山梨県の『峡中新報』社員小川定明▼が「自由亭皆春」の芸名で「仏国革命史」や「佐倉義民伝」を談じたこと、土佐の自由民権家でジャーナリストとして活躍した坂崎斌▼が「馬鹿林鈍翁」、のち大逆事件に連座し刑死した奥宮健之が「先醒堂覚明」の名で活躍している。壮士芝居・オッペケペー節で名高い川上音二郎は「自由童子」という芸名で活動したことはよく知られている。一八八三（明治一六）年七月、川上は京都で開かれた自由政談演説会で「一ツとセ、人のこの世に生るゝや、民権自由のあればこそ、このあればこそ、二ツとセ、不自由極まる世の中も、之も官ちゃんが為すわざぞ、コノにくらしや……」などと歌い、中止を命じられている。

▼**小川定明**（一八五五－一九一九）尾張藩出身。『かなめ新聞』主筆兼記者、『大阪朝日新聞』記者。

▼**坂崎斌**《さかん》**（紫瀾）**（一八五三－一九一三）土佐藩出身。ジャーナリスト。『松本新聞』主筆、『高知新聞』編集長。主著に『汗血千里駒』など。

言論弾圧に関する興味ある民衆の抵抗の様態としては、高知県における「民権葬儀」や島根県の「新聞演説大施餓鬼」の実施があげられる。前者は発行禁止・停止になった新聞を「民権の死」と捉え葬儀の儀式を行なったもので、後者は「自由」「立憲」と染めた白幕の中に「専制転覆自由恢復慨世大壮士」と記した位牌を安置して行ない、同法要への出席者は三〇〇〇人にもおよび、霊牌の海辺送りには小学生三〇〇人も「自由」と記した白旗をもって参加している。

以上のほか、改正新聞紙条例で表現の自由が極端に奪われると、これを逆手にとり、△〇□などの伏字を用い、「〇〇は、髭ある癖に二重腰、海老の権利の後退り、ホンニ卑屈な態かいな」と記して抵抗の意思を示している。このような風刺・政府批判は、「よしや南海苦熱の地でも粋な自由の風が吹く」など、里謡・俗謡の形でも表現された。さらに、「自由万歳、あっせいせい、てんぷくせい、てんぷくせい、あっせいせいせい」と、懇親会の最後に全員で踊る「自由民権踊り」も流行した。残念ながら踊りの振り付けを伝える史料は未発

「自由」と刺繍された衣裳を着けた車人形

オッペケペー節を歌う川上音二郎

見である。

自由湯（浴場）、自由糖（菓子）、自由丸（薬）、自由亭（割烹）、自由太郎（名前）、自由松原（地名）など、自由の語が流行したのもこの頃である。岡持や車人形の衣装にも自由の字が書き加えられた例もある。それらは、官憲によってぎりぎりまで抑圧された民衆の自由への憧れ・希求・うめきであり、同時に民衆の雑草に似た力強い抵抗のエネルギーの発散でもあった。

(5) 激化事件の続発

福島・喜多方事件

岐阜での板垣遭難が国民の話題を集めていた一八八二（明治一五）年五月、福島県会では河野広中ら自由党議員が、県会を軽視・無視して政治を行なう県令三島通庸▼に憤激し、県令提出の議案を総否決して対決姿勢を強めていた。三島は「鬼県令」として名をはせ、「火付け強盗と自由党は撲滅する」として、自由党撲滅の使命をもって福島に乗り込んだのである。

自由民権派と三島県令との本格的な対決は、三島が地域住民の声を無視し、会津喜多方に土木工事（道路開削）を強行したことを契機とした。三島は、警察のほか官憲の援助のもとに結成された立憲帝政党員らによる運動への暴力的弾圧、

国立国会図書館HPより

▼**三島通庸**《みちつね》（一八三五－一八八八）薩摩藩出身。山形、福島、栃木の県令など歴任、土木県令と称され、インフラ整備や社会事業に尽力。三方道路計画強行や民権運動弾圧で知られる。

住民への夫役《ぶやく》の強制、財産差し押さえ・公売処分の強行など、あらゆる手段を使って工事を強行した。この経緯のなかで、一八八二（明治一五）年一一月二八日捕縛された運動指導者の釈放を求めて喜多方警察署に押し寄せた住民に対し、官憲は抜刀を以て襲いかかり、翌日より河野広中ら自由党員をはじめ、地元住民らを次々に逮捕した。そして兇徒聚集《しょうしゅう》罪などで裁いたほか六〇人余を内乱陰謀の罪で高等法院へ送った。結果は、尋問中のわずかな言質で、河野ら福島自由党領袖六人が政府転覆を計画した国事犯とされ、河野は軽禁獄七年、他の五人は同六年に処せられた。

従来この事件は「福島事件」と呼ばれてきたが、現在は兇徒聚集罪として多くの喜多方地方の住民が処断された「喜多方事件」、国事犯として河野広中らが断罪された「福島事件」、三島県令の暴政を公にしたために花香恭次郎▼らが処罰された「官吏侮辱罪」を総合し、「福島・喜多方事件」と呼ばれるようになっている。本事件は、豪農自由党員と地域住民とが一体となり、権利をめぐる組織的な闘いがくり広げられた最初の例として、自由民権運動史上特異な位置を占めている。

福島・喜多方事件以後、政府は攻勢に転じ、弾圧をますます強化した。スパイによる挑発や、官憲による事件の捏造も行なわれた。すなわち一八八三（明治

無名館で捕縛される河野広中（絵入自由新聞）

▼**花香恭次郎**（一八五六（一八五五）－九〇）下総国香取郡出身。『福島新聞』創刊者の一人で、福島・喜多方事件で投獄される。コレラで夭折。

一六）年三月、新潟県の頸城《くびき》自由党員ら多数が大臣暗殺・内乱陰謀を企てたとして逮捕される「高田事件」が起こった。判決では、自由党との関係が立証できず、結局「天誅党旨意書」を起草したことが罪になるとされ、赤井景韶▼一人が重禁獄九年の有罪判決を受けた。これは民権運動の盛んな新潟県を弾圧の対象としたもので、明らかに官憲による挑発・捏造事件であった。

松方デフレと相次ぐ事件

一八八三（明治一六）年後半から一八八四年段階になると、合法的運動の限界を悟り、挙兵や高官暗殺などの手段によって目的を遂げようとする急進的民権派も出てきた。この背景の一つをなしたのが、一八八一（明治一四）年に大蔵卿になった松方正義▼のデフレ政策による没落農民の大量発生であった。歴史上、「松方デフレ（松方財政）」と一般に呼ばれているその政策は、賃金労働者を準備し企業勃興の条件を生み出し資本主義形成の基盤をつくりだしてゆくこと、歳出を抑制し増税によって軍備拡張費をまかなうこと、を目指して採られたものであった。同政策の結果、極端な不況に陥り、米価は低落、土地を失う農民が続出した。そして、都市はこのような人びとの流出の場となり、貧民窟が作り出されていった。このようにして、中・下層民の多大な犠牲の上に、軍備の拡張と、産業資本の確立が図られた。

松方政策による犠牲者は、養蚕・製糸地帯で特に顕著であった。ドイツ人顧問

▼**赤井景韶**《かげあき》（一八五九－八五）高田藩出身。頸城自由党員。高田事件首謀者とされ投獄、脱獄して再逮捕され死刑。

▼**松方正義**（一八三五－一九二四）薩摩藩出身。大蔵卿として所謂松方財政を推進、以後各内閣で蔵相歴任。二度組閣。元老。

パウル・マイエット▼は、この影響で「自小作農」の三分の一から半分近くが没落したと推測し、さらに一八八三（明治一六）年より一八九〇（明治二三）年に至るまでに、地租など税金の滞納のため強制処分を受けた者は全国で三七万人近くにも達したと報告している。またその生活状況は「赤貧洗うが如く、高利の負債山をなす」ものであったと指摘している。急進的民権派のなかには、各地で負債の利子減免・年賦返還などを求めて闘う困民層（一定の組織をもったものは借金党、困民党などと呼ばれた）と結合し、過激な行動を起こす者もいた。こうして一八八四（明治一七）年に入ると、中央の組織をこえた、いわゆる激化事件が多発した。一八八四年五月、自由党激派と没落農民とが蜂起した「群馬事件」が起こった。当初の予定は高崎線開通式に参列する政府高官の要撃であった。しかし、開通式の延期で果たされず、妙義山麓の陣場ヶ原に集合したあと、高利貸し岡部為作▼家を打ちこわした。「昔し思へばアメリカの　独立したるも蓆旗《むしろばた》　ここらで血の雨降らせねば　自由の土台が固まらぬ」と、はやりの民権歌をうたいながら、こうした人々は当該地での演説会に集まったと伝えられている。ついで七月、「岐阜加茂事件」が起こった。治安妨害を理由に結社禁止を命ぜられた愛国交親社の社員が、地租軽減・諸税廃止・徴兵廃止などをスローガンに岐阜県加茂郡で蜂起したもので、首謀者は凶徒嘯集罪で処罰された。この事件から二ヵ月後

▼**マイエット**（Paul Mayet）（一八四六－一九二〇）ベルリン出身。御雇外国人。火災保険取調掛、備荒儲蓄法案作成などに関与、農商務省や逓信省などの顧問など歴任。

▼**岡部為作**（生没年未詳）上野国北甘楽郡の生産会社（金融会社）社長。

の九月、福島・栃木の自由党激派一六人が「完全なる立憲政体を造出」するために、「自由の公敵たる専制政府を打倒する」と、茨城県加波山に武装蜂起した「加波山事件」が発生した。参加者は全員捕縛（一人は銃撃戦で死亡）され、すべて常事犯として処断、七人が死刑、六人が無期懲役となった。

加波山事件に示された挙兵主義は、やがて「名古屋事件」（一八八四年一二月）、「飯田事件」（同一二月）へと続いた。前者は名古屋の急進派が政府転覆の陰謀を企てたものであった。しかし、未然に発覚し関係者は処罰された。後者は長野、愛知両県の自由党激派による挙兵未遂事件で、租税軽減・徴兵令改正・印紙税廃止・貧民救恤をスローガンに、伊那や甲府地方の貧民を糾合して政府転覆を図ったものであった。これも未然に発覚し二七人が逮捕され、首謀者六人が内乱陰謀罪で最高刑禁獄七年の刑に処せられた。

秩父事件

一八八四（明治一七）年に起きた激化諸事件のうちでも、最も規模が大きく政府を震撼させたのが、「秩父事件」であった。秩父地方は松方財政の影響を最も強く受けたところで、借金農民の負債返弁（返済）運動は、一八八四年に入ると質的にも量的にも拡大した。当初は債主や郡役所への請願というきわめて合法的なものであった運動も、やがて一〇月末、借金の年賦返済・学校の三年間休校・雑税・村費の軽減などを要求する組織的な武力蜂起と

秩父事件の戦闘想像図。「上陽新聞」1884年11月12日号に掲載された。

なった。

困民軍は初めは全秩父を支配下におくほどの勢いを示した。しかし、警察の態勢の確立、軍隊・憲兵の出動および困民軍内部の動揺と混乱などにより、一一月半ばに壊滅し、死刑七人、無期五人ほか、多くの有罪者を出した。秩父事件は軍律をもった武装蜂起であったこと、一万人といわれる多数の参加者があったこと、経済的要求と政治的要求（立憲政体の実現）を結合させていたことなどの点で、他の事件とは著しく異なった性格をもっていた。同事件については、自由民権運動の最後にして最高の形態とみる考え方と、一揆の伝統を引きずっているとする見解とがあり評価が分かれている。その見方はともかくとして、自由民権運動の展開がなければ生起しなかった事件であったことは確かである。

なお、激化事件としてはその後大阪事件、静岡事件が生じている。前者は、一八八五（明治一八）年、大井憲太郎らが朝鮮での政治改革に加担しつつ（独立党政権樹立）、日本国民の政治的関心を喚起し自由民権運動を推進しようと意図したものである。しかし、同年末朝鮮への渡航直前陰謀が発覚、大井ら一三〇人余が大阪・長崎で逮捕・捕縛された。後者は、一八八六（明治一九）年静岡県の旧自由党員らが政府高官暗殺を計画したもので、未然に発覚し一〇〇人余の処罰者を出した事件である。

⑹ 自由党の解党と大隈の改進党脱党

一八八一（明治一四）年から一八八三年にかけて隆盛を誇った自由民権派政党の活動も、一八八三（明治一六）年半ばから翌年にかけてしだいに停滞していった。これは、自由民権派の組織的な反政府行動の高まりに対し、政府が警察・軍隊などを動員し強硬に弾圧したことや、政党の党首を洋行に勧誘するなど、硬軟あらゆる方策を用いて抑え込んだためではあるが、また政党自体の体質にも問題があったことは否めない。

自由党についてみれば、最盛時二五〇〇人近くの党員を擁し、民衆の期待と支持も高かった。しかし、やがて党勢は衰退、解党した。その主要な要因をあげれば次のような点を指摘することができる。第一に、周囲の反対を押し切って党首板垣が洋行し、立憲改進党の批判を受けると、同党の攻撃に力を注いだ。そして、両党の泥仕合のさなかの一八八三（明治一六）年六月に帰国した板垣は、その後党運営について十分な展望を示し得なかった。また、党運営に必要な資金の募金も十分な成果をあげることができず、党財政の枯渇を克服することができなかった。この背景には、運動の基盤をなした豪農層が松方デフレ下において階層分解し運動から離脱することを余儀なくされたという客観的状況があったことも考慮しなければならない。が、いずれにしても、翌年三月に開かれた春期大会では、党議として総理に専断権を与え、文武養成の施設の設立を決めるなど、状況に逆行する方針を決議した。

第二に、自由党は農民問題に関する基本綱領をもたず、党の中央は農民の切実な要求を吸い上げ、それを運動の目標に掲げることができなかった。そのため農民大衆の支持を得られなかっただけでなく、「秩父事件」の主体となった困民党の動向に対し、「国家心腹ノ病」とまで認識し、敵対視した。第三に、「壬午《じんご》の軍乱」(一八八二年に朝鮮で起こった反日的な軍民蜂起)以降、自由党は国権意識を鮮明にした。第四に、「決死派の士」を統率できず、激化事件による民心離反を防止できなかった。

こうして自由党は、党結成三周年にあたる一八八四(明治一七)年一〇月二九日、国会期成同盟発祥の記念すべき地、大阪の太融寺で解党の大会を開いた。解党の直接の原因は、加波山事件の衝撃などが考えられるが、その要素は政府の弾圧強化、党中央の党員統率力の喪失、党財政の窮乏、「脱落派」(合法派)と「突出派」(過激派)両派からの解党主張等々、諸要素がいろいろ重なりあった複合的なものと考えられる。

一方、最盛期一八〇〇人ほどの党員を得た立憲改進党も、党員名簿廃止問題などで紛糾が生じ、一八八四(明治一七)年一二月、総理大隈重信をはじめ河野敏鎌▼、小野梓など有力党員が脱党した。同党は、当初より総選挙での勝利、国会開設後の政党内閣の実現を目標としていたため、演説・遊説・府県会活動が中心となり、民衆の日常闘争には常に距離をおいていた。また、国権主義的側面も強く、対アジア認識など、政府と大差のないところがあった。ただし、自由党を含め諸政党が相次いで解党するなかで、党首脱党後も、立憲改進党は解党することなく、責任内閣制の実現、言論集会の自由、地方自治などを求めて党活動を続けた。この点は大いに評価されてよい。

(7) 天皇制国家確立への基礎固め

民権と君権

自由党、立憲改進党に結集した党員のみならず、自由民権家といえども、概してみれば天皇の存在そのものを否定したわけではなかった。しかし、幕末動乱の政変劇を目にしてきた人々のなかには、前述した天皇「玉」論でもわかるように、現人神的天皇像のような、天皇の絶対的権威についてはきわめてさめた目をもった者も多くいた。特に明治初期においては、政府内部にも神権的天皇像に対して批判的見解を示す者がいた。

当時、天皇の教育係である侍講であった加藤弘之は一八七五（明治八）年の『国体新論』のなかで、「天下国土億兆人民ヲ以テ、独リ天皇ノ私有臣僕トナスカ

▼河野敏鎌《こうのとがま》（一八四四－九五）土佐藩出身。新政府で司法大丞兼大検事、元老院議官、同副議長など歴任。また、文部卿として教育令を改正。下野後、立憲改進党副総理。

如キ野鄙陋劣ノ風習ヲ以テ、我国体トナスノ理ハ決シテアル可カラス。天皇ト人民トハ決シテ異類ノ者ニアラス。天皇モ人ナリ、人民モ人ナレハ……」と述べている。そして、人民を君主の私有物、臣民、僕とみる国家観は「ヤヒロウレツ」であって、「カヽル野鄙陋劣ナル国体ノ国ニ生レタル人民コソ、実ニ不幸ノ最上ト云フヘシ」とまで言いきっているのである。

同じ侍講の西周や、福沢諭吉▼をはじめ他の明六社の社員たちも同様な発言をしている。長い間、封建君主のくびきのもとに呻吟したのち、ようやく文明開化を迎えた人々にとってこれは本音であったろう。しかしこうした発言は、もちろん政府内の指導者たちのものではなく、同じ一八七五（明治八）年六月には讒謗律、新聞紙条例などの言論弾圧立法がなされ、文明開化を推進した『明六雑誌』も同年一一月には廃刊を余儀なくされた。

民権家の植木枝盛は一八八二（明治一五）年、「和学者流は国体国体と云へども、国体は国家人民に属するものなり。……人民の為めに国体を造るべけれ。何ぞ国体の為めに人民を作らんや」と、天皇を護持するために国体をうんぬんする愚を戒めている。また、一八八四（明治一七）年の秩父事件の参加者のなかには、「おそれ多くも天朝様に敵対するから加勢しろ！」と公言した者もいたといわれるように、藩閥政府＝天皇政府と認識しその変革を明確にする者や、共和制

国立国会図書館HPより

▼福沢諭吉（一八三四－一九〇一）中津藩出身。慶応義塾や交詢社創設者、『時事新報』創刊者。啓蒙思想家として民権運動に強い影響。後、朝鮮開化派を援助したが、甲申事変後「脱亜論」を唱え、日清戦争を支持。『西洋事情』『福翁自伝』など著書多数。

をよりよい政体と考える思想も生まれていた。

しかし、時の経過とともに、警察・軍隊を整備し、法規を厳しくして徹底的な言論弾圧を強める藩閥専制政府を前に、民権と直接対峙したかたちで君権を批判する言論はほとんどみられなくなっていく。確かに、天賦人権説を含む西欧の近代思想の洗礼を受け、「天下は一人のための天下にあらず、天下のための天下なり」という中国古来の思想を西欧流に読み替えてはみても、忠孝を最も大切な人の道と説く儒学（儒教）の受容者でもあった士族階層は、君に忠義を尽くす道徳観からなかなか自らを解き放すことができず、また、国学の素養をもっていた豪農層の多くは、基本的には天皇（皇室）の崇拝者であって、容易にそこから脱却できない面もあった。

一方、天皇の政治的・宗教的権威に頼って倒幕を果たした明治藩閥政府・官僚は、やがて、国家を家族共同体に類比し、親の仁慈と子の服従の関係を天皇と国民との関係に拡大することによって、天皇を中心とした中央集権的な強固な統一国家を造出しようとした。このような政策をとることによって、日本は西欧列強に対抗し、独立を保ち、世界に雄飛することができると考えたのである。しかし同時に、絶対君主制国家では対内的にも対外的にも存立できないことは為政者も認識していた。すなわち「近代」の「装い」が必要であった。それが「大日本帝国憲法」の制定であり、「帝国議会」の開設であった。この「立憲君主制」への移行に対して充分な批判を為し得ず、概して容易に吸引されていったところに自由民権派の弱点、歴史的条件の未熟性があった。

皇室財産の拡大

激化事件が続発する喧噪な社会状況のなかで、一八八四（明治一七）年七月、「皇室の藩塀」として「華族制度」（公・侯・伯・子・男の五爵）が設けられた。そしてその三年後には、自由民権派の領袖大隈重信、板垣退助、後藤象二郎らが伯爵に列せられた。この時板垣が「辞爵」に執着し、最終的には「一代華族論」で華族制度を批判することは注目されるところである。が、それはともかく政府は着実に天皇（皇室）の権威の強化を図っていった。その一環として皇室の物質的基礎の確立が強力に図られたことは看過できないことである。すなわち一八八一（明治一四）年、わずか六三四町歩であった皇室料地は、九年後の一八九〇年には、実にその六〇〇〇倍に近い三六五万四〇〇〇町歩にもになっているのである。これはその年の民有林野総面積の半分にもあたるものであった。

また、株券・貨幣などの皇室財産は、明治初年は一〇万円余であったものが、一八八二（明治一五）年には一七一万円余、一八八七（明治二〇）年末には、日本銀行・日本郵船などの株を含めて七八〇万円余となり、さらに一八九九（明治三二）年末には、四〇〇〇万円をこえるまでになった。このほか、一八八八（明治二一）年には、佐渡や生野の鉱山も皇室のものとした。天皇制国家の精神的・物質的・制度的基礎が急速に確立していくなかで、自由民権運動は有効な運動を展開できず、当初のみずみずしい精神をしだいに喪失して妥協的になっていった。議会の開設が具体的な行動範囲になったという状況も、その背景として考慮しておかなければならない。

4　運動の収斂（一八八四〜一八九三年）

自由党解党直後の一八八四（明治一七）年一二月、朝鮮で「甲申《こうしん》事変」（朝鮮開化派が日本の支援のもとに行なったクーデターで、すぐ鎮圧され失敗に終わった）が起こった。このとき、旧自由党員のなかには、義勇兵の募集など、これに積極的に加担する動きを示す者もあった。また、その翌年の一一月には、前述したように大井憲太郎らが朝鮮での改革運動を企てる事件が発覚して捕縛される「大阪事件」が起こった。この事件の参加者のなかには、女性民権家景山英子▼もいて世間の関心を集めた。全体として運動の分裂と運動家の独善的行動は確実に進行していた。しかし、各地方には、独自の運動を持続・展開していた旧自由党員や民権

▼**景山（福田）英子**（一八六五－一九二七）岡山藩出身。婦人解放運動に尽力。社会主義に傾倒し『新紀元』発刊に関与、後『世界婦人』創刊。

家も多数いた。解党の危機を乗り越えた立憲改進党は規約を改め、党勢の回復を図る努力も始めた。

(1) 三大事件建白運動

自由民権派のなかで政党の再組織化を目指し動き始めたのは、星亨▼や中江兆民らであった。彼らはみずから発起人となり、一八八六（明治一九）年一〇月、東京で全国有志懇親会を開き、小異を捨てて大同団結すべきことを訴えた。同趣旨の全国有志懇親会は、翌年五月、大阪でも開かれた。そして、同年一〇月、後藤象二郎は大同に賛成する人々を糾合し、丁亥《ていがい》倶楽部を結成した。星らはカール・フリードリヒ・ヘルマン・ロエスレル▼らの憲法意見をひそかに出版し（『西哲夢物語』）、大同運動を盛り上げた。

この頃、国民は軍備拡張政策のための高額な地租に苦しみ、憲法発布を前にいっそう厳しさを増した言論・集会への弾圧に、政府への反発を強めていた。さらに、鹿鳴館の舞踏会など媚態的な欧化政策をとりながら、外国人裁判官の採用など屈辱的な不平等条約改正交渉を進める井上馨の外交姿勢に批判を高めていた。そこで民権家指導層は、地租の軽減、言論集会の自由の獲得、条約改正の実行を求める「三大事件建白運動」を行なうことで政府を追及する方針をとり、

▼星亨（一八五〇－一九〇一）江戸出身。代言人、自由党員、同党常議員。三大事件建白の後は、第二代衆議院議長、駐米公使、東京市会議長など歴任。伊庭想太郎に暗殺される。

▼ロエスレル（Karl Friedrich Hermann Roesler）（一八三四－九四）レースラーとも。バイエルン出身。公法学者、経済学者。明治憲法制定に関与。

一八八七（明治二〇）年一〇月頃より各地から建白書提出が相次いだ。特に高知県の民権派は、建白書の末尾に「生きて奴隷の民たらんよりは、死して自由の鬼たらん」と記したほど、この運動に情熱を注いだ。

　こうして一八八七（明治二〇）年一二月一五日には、二府一八県の総代九〇余人が東京に会し、三大事件の処理を求める建白書を作成して即日、元老院に提出した。この運動で特に目立ったのは血気盛んな政治活動家＝壮士の活動で、東京には二〇〇〇人をこす壮士が集まったといわれる。欽定憲法の発布を目前にした政府にとって、この運動は放置できないものとなった。そこで同月二六日、星らが建白の趣旨を伝えるため伊藤博文首相を訪問することにしていたまさにその日に施行できるように、突如政府は官報号外によって保安条例を発布（勅令）、実施した。同条例は、屋外での集会や言論活動の規制を厳しくし、運動指導者を「皇居又は行在所《あんざいしょ》」から三里（約一二キロメートル）外に追放できることを定めたもので、政府は強権を発動して星亨、中江兆民ら四五一人（寺崎修▼研究。『自由党史』では五七〇人）を東京から放逐した。その一方で、この年五月、先にも触れたように、政府は大隈、板垣、後藤ら民権派のリーダーたちに伯爵位を授け、

▼**寺崎修**（一九四五－）慶應義塾大学名誉教授、武蔵野大学学長。主著に『自由民権運動の研究――急進的自由民権運動家の軌跡』（慶應義塾大学法学研究会、二〇〇八）。

明治21年1月4日付『絵入自由新聞』挿絵

運動の懐柔、取り込みも抜かりなく図っていたのである。

⑵　大同団結運動

保安条例の施行は民権派の活動に大きな打撃を与えた。また同条例施行の翌一八八八（明治二一）年の二月には、かつて立憲改進党の総理であった大隈が、かねてより伊藤から要請されていた外務大臣に就任した。大隈のこの行動は、民権派に波紋を投げかけた。

保安条例施行後、民権派の大同団結運動推進の役割を担ったのは、同条例の適用を免れた後藤象二郎であった。有志の大同団結を目指して丁亥倶楽部を結成していた後藤は、「伯爵」の身をもって、一八八八（明治二一）年六月、門下の大石正巳らとともに、大同団結運動の機関誌として『政論』を発行するとともに、同年から翌年にかけて、信越・東北地方、東海・北陸地方へと、いずれも五〇日に及ぶ大遊説を実施した。各地で彼が説いたのは、地租の軽減、外交の挽回、責任内閣制の実現、地域の団結などであり、また団結にあたって期待を寄せたのは、「少壮活発ノ輩」ではなく、「県会議員財産家并ニ老成着実ノ士」といった、在郷の名望家層であった。彼は急進的な運動を拒否するとともに、最初から強力な政党結成を目指すのではなく、ゆるやかなクラブ組織の結成を目標としたのである。

後藤の遊説による民権派大同団結の訴えは大きな反響を呼び、大阪や九州で同志の会合が開かれた。なおこの時期、日本での弾圧を逃れサンフランシスコに渡った青年民権家たちは、同地で日本人愛国同盟会を組織し、機関誌『新日本』を発行して藩閥政府攻撃を行なった。

(3) 大日本帝国憲法の制定

政府は欽定憲法施行に備え、すでに一八八五(明治一八)年一二月、太政官を廃止し内閣制度をとっていた。この改革によって宮中、府中の区別が明確にされるとともに、太政大臣、左右大臣など皇族、華族が形式的に握っていた天皇補佐の任務は、内閣へと移され、強大な権限が与えられた総理大臣には、伊藤博文みずからがついた。しかし、同時に定められた内閣職権では、軍機事項は内閣権限の外におくなど、のちの憲法上、天皇の大権事項と解釈されるようになる統帥権の独立を先取りする規程も定められた。これは、国会、すなわち、国民の代表に責任をもつ政党内閣制を実現させるという自由民権派の要求を、未然に阻止しようとするものでもあった。

次いで地方制度の改革と憲法草案の起草作業に着手した。まず、地方制度に関しては一八八六（明治一九）年七月、「府知事」「県令」の名称を「知事」に統一し、翌年からは本格的な制度改革の審議を内務大臣の山県有朋のもとで進めた。このような作業を通して、一八八八（明治二一）年四月に「市制・町村制」、一八九〇（明治二三）年五月に「府県制・郡制」がそれぞれ公布された。全体としてそれは、中央および首長の執行権が議会の議決権よりも強い中央集権的なもので、地域の行政を地主や地方名望家に委託させる性格をもっていた。

その一方で、一八八七（明治二〇）年六月頃より、伊藤博文らは秘密裏に憲法草案の検討を本格的に開始した。草案起草作業と並行して政府は、同年七月三〇日、「改正官吏服務紀律」を勅令で改正・公布し、天皇と政府への忠勤を主とする規定を新設して官吏への規制を強化するとともに、国民の憲法議論については抑圧をさらに厳しく行なった。たとえば、同年九月、伊藤首相がわざわざ地方長官を招集し、憲法の天皇親裁に異議を唱える者には弾圧を加え、外交を人民の公議に付せんとする説を抑え、天皇主権の方向に人民を導くよう訓示している。

憲法の最終草案がなったのは一八八八（明治二一）年四月で、ただちに新設された枢密院の審議に付されたのち、翌年二月一一日、「大日本帝国憲法」が発布された。大日本帝国憲法全七六条の基本原理は、天皇主権主義であって、天皇は「万世一系」で「神聖不可侵」とされ、「国の元首」であるとともに「統治権の総

「憲法発布式之図」（早稲田大学図書館所蔵）

攬者」とされた。軍事・外交・官制などに関する天皇の大権が規定され、枢密院や貴族院といった特権階級も制度として初めて明記・保障された。この憲法と同時に、議会の関与を許さない皇室に関する基本法、「皇室典範」が制定された。

以上の明治憲法秩序は、自由民権運動の目指したところとは著しく異なるものであった。憲法を一読した中江兆民が一笑し、「憲法点閲」論を掲げ、憲法改正の要求を天皇に出すことによって明治政府と闘う意思を示したのは、その表れであった。しかし、憲法が発布されてまもない一八八九（明治二二）年三月二二日、大同団結運動の先頭に立って活動していた後藤は、突如として黒田清隆内閣の逓信大臣として入閣した。自由民権派内に再び動揺と内紛が生じた。この事態に再登場してくるのが、憲法発布に伴う大赦によって出獄した旧自由党の面々であった。

(4) 民党と政府の攻防

憲法発布に伴う大赦によって、河野広中・大井憲太郎・星亨ら旧自由党の領袖が一斉に出獄した。後藤入閣後の大同団結運動の中心となったのは、河野と大井であった。しかし、両者は活動の組織や方針をめぐって対立し、旧自由党員以外にも支持基盤を広げつつ、政社組織として運動拡大を図ろうとする河野らは大同倶楽部（政社派）を、ゆるい連合組織を唱える大井らは大同協和会（非政社派）を、それぞれ組織した。運動方針をめぐる両者の違いは、政治認識の相違でもあった。

まず大同倶楽部は、独立の達成・責任内閣制の実現・財政整理と民力休養・言論集会の自由の獲得などを目標としたが、それは帝国憲法で規定された現状を是認し、そのうえで改良を図っていこうとするものであった。これに対し大同協和会は、出されたばかりの帝国憲法および現実の国家組織に強い違和感をもち、憲法の改正をはじめ、華族令の改正や警視庁の廃止などを主張した。板垣は両者の合同を策し、一八八九（明治二二）年一二月、愛国公党結成の方針を示したが、双方ともこれには加わらず、翌年一月、大同協和会は自由党を結党した。しかし、第一回総選挙を目前にして三派合同による政党結成を求める声が強くなり、五月、三派はその組織を残したまま合同して「庚寅《こういん》倶楽部」を結成した。

一八九〇（明治二三）年七月一日、日本最初の総選挙が行なわれた。選挙権所有者は全国民四〇〇〇万人のわずか一％強ではあったが、国民は議会と反政府派の政党に関心と期待を寄せた。選挙の結果、自由民権派は、大同倶楽部五五人、立憲改進党四六人、愛国公党三五人、九州同志会二一人、自由党一七人の計一七四人に上り、衆議院の過半数を制した。

この結果に驚いた政府は、一ヵ月もたたない七月二五日、政社が支部を設置することや、互いに連絡しあうことを禁止した「集会および政社法」を、新たに制定・公布した。一方、民権各派には、合同すれば過半数を得られるところから統一した政党を結成する機運が生まれ、八月二三日各派有志は会合をもち、合同問題を討議した。民権派政党の合同を目指す運動は、前の時期に進められた民権派大同運動に比較し、より具体性をもったものであった。しかし八月二五日、立憲改進党の正式回答を待たず、同党を除く各派が立憲自由党を組織することを決め、九月一五日、正式に結党式をあげた。こうして民権派政党の合同、統一政党結成はならず、院内団体として立憲自由党は弥生倶楽部を、立憲改進党は議員集会所をそれぞれ組織した。

帝国議会の権限はきわめてかぎられたものであったが、ともかくも国民の代表を集めた議会が開かれることになった。議会に対し藩閥政府は政党の動向に制約されず独自に政策を推し進めるという「超然主義」で臨んだ。一方民権派は「民党」と呼ばれ、疲弊した農村や資本主義最初の恐慌のなかで呻吟する国民の救済を課題とし、「政費節減」「民力休養」の実現を必死で図ろうとした。かくして日清戦争開始前の初期議会は、予算問題を中心に、政府と民党との激しい攻防の場となった。

第一帝国議会は、一八九〇（明治二三）年一一月に開かれた。山県有朋首相は、国家の独立を保つためには「主権線」（国境）だけでなく「利益線」（隣接地域）も確保しなければならないと国防の重要性を訴え、歳出総額八三三〇万円余に上る予算案を提出した。民党はその一割にあたる八八八万円削減の査定案を作成して対抗した。削減のおもな内容は軍備費であったことから、行政・軍事編制・外交など天皇大権事項に関する予算の削減は、政府の同意を必要とするという憲法六七条の解釈と運用をめぐる問題へと議論が展開し、議会は紛糾した。しかし、買収などの切り崩し策、現実路線に転じた自由党土佐派の政府への妥協などによって、八％弱の削減で予算案は一応通った。一八九一（明治二四）年一一月に開かれた第二議会も、軍備拡張を図る藩閥政府と民力休養を説く民党とが激しく衝突し、松方正義首相は衆議院の解散を余儀なくされた。

(5) 民党の変容・運動の収斂

第二回の総選挙は、一八九二（明治二五）年二月一五日に行なわれた。この選挙で政府は、内務大臣品川弥二郎▼・内務次官白根専一▼に指揮をとらせ、威嚇や買収のほか、地方長官や警視総監に壮士の政治活動を禁止する権限を与える「予戒令」を緊急勅令で公布・施行した。さらには保安条例の適用や憲兵の派遣など、

▼**品川弥二郎**（一八四三－一九〇〇）長州藩出身。農商務大輔として殖産興業に尽力。第一次松方内閣内務大臣として選挙干渉、非難され辞職後、国民協会結成。

▼**白根専一**（一八四九－九八）長州藩出身。官僚、政治家。第一次山県内閣のとき内務次官就任。第二回衆議院議員総選挙での選挙干渉の実行で有名。品川の辞任後内相となった副島種臣を排撃したが自身も辞職し、のち宮中顧問官、内蔵頭などを歴任。男爵。

あらゆる選挙妨害を行なって民党議員の当選を阻止しようとした。政府のこの暴挙によって、全国で死者二五人、負傷者が三八八人もあったと報告されている。

しかし、あらゆる手段を講じた激しい選挙干渉にもかかわらず、民党・民党派は一六三人の当選を果たしてまたも勝利した（吏党・吏党派一三七人）。一八九二（明治二五）年五月に開かれた第三議会での論争の焦点は、もっぱら選挙干渉に関する問題で、五月一一日貴族院は政府に反省を求める「選挙干渉に関する建議案」を、同月一四日衆議院は「選挙干渉問責決議案」を、それぞれ決議した。物情騒然とした事態に、山県は「明治政府の末路如何と憂慮に堪えず」と危機感をいだくほどであった。松方内閣は七月総辞職し、伊藤博文が元勲総出の内閣を組織して、一一月開会の第四議会に臨んだ。この状況に民党も大いに闘志を燃やし、「経費節減」を掲げて軍艦製造費削除など政府原案の一〇・五％にあたる九〇〇万円に近い大削除案を可決した。そして、政府がこれに同意しないと、翌年二月、「内閣弾劾上奏案」を提出し、可決した。窮地に陥った伊藤首相は、詔勅によって政府と議会の妥協をはかるか、衆議院を解散するか、天皇の意見を求める上奏文を提出した。

その結果、一八九三（明治二六）年二月一〇日、天皇より「和衷協同して大政を輔翼せよ」との詔勅（和衷協同の詔勅）が出され、同時に、軍備拡張のため今後六年間内廷費より毎年三〇万を下付、官吏も同期間給料の一割を納付して建艦費にあてることが命ぜられた。このような動向に、二月二二日民党も政府と妥協することを余儀なくされてこれを承認した。この結果、全体でわずか二六万円だけを削減した予算案が可決された。以後、「詔勅」は、政府が窮地に陥った際、政府を助ける「伝家の宝刀」としてしばしば用いられることとなった。

民党の運動により、それまで毎回貴族院で否決されてきた「集会および政社法」の一部改正が、第四議会でようやく可決され、政社の間で連絡・通信することと、および支社を設置することができるようになった。それは、政党の本格的活動に道を開くものであって、政党の伸張、その結果としての真の政党政治の活動が期待された。しかし、このときすでに自由党は、院外団の圧力から免れるため、一八九一（明治二四）年一〇月の党大会で議員政党へと組織替えをし、党の領袖星亨は「民党」の名を嫌うとともに、自由党は地主など有産者階層の政党であることを公言し始めていた。このような姿勢の変容は、一八九二（明治二五）年末、教育・外交・国防問題などに関しては政争の問題としない、として具体化され鮮明にされた。それは藩閥政府の施策への妥協を表明するものであり、事実、以後自由党は伊藤内閣との提携を強めていった。そして国民の切実な要求であった「地租軽減」などの問題は、政府の地域開発など積極的な財政政策へと収斂されていったのである。

おわりに――明治憲法体制の確立

一八九八（明治三一）年六月、自由党は立憲改進党の後身である進歩党と合同して憲政党を結成し、第一次大隈内閣を組閣した。これは一面では政党が政治構造を変革し、政党内閣を実現したものではなく、天皇制権力に認知される政党に変容したことを示すものであった。しかしその半面、絶対主義的な天皇制国家を構築しようとした明治藩閥政府も、政党の存在を無視できない状況になったことを示すものでもあった。一九〇〇（明治三三）年八月、伊藤博文を総裁とする政友会が創立委員会を開き宣言および趣意書を発表、九月旧自由党の流れをくむ憲政党が解党して政友会に入会し（一四日）、立憲政友会を結成するに至った（一五日）一連の経緯は、このような状況を伝えるものである。天皇制と政党とのこの合流点こそ明治憲法体制の確立を意味するものであった。

一九〇〇（明治三三）年に体制的確立をみた近代天皇制国家を精神面で支えたのが、一八九〇（明治二三）年に出された「教育勅語」であった。同勅語は、天皇を道徳の占有者・体現者とし、神国思想と儒教思想とを結合させた道徳原理によって、国家＝天皇への忠誠心を醸成しようとするものであった。自由と民権の伸張・発展を目指して結成したはずの日本における最初の全国政党自由党の末路について、卓越した民権思想家中江兆民の弟子である幸徳秋水▼は、「自由党を祭る文」を書き、藩閥政府と敢然と闘った精神はどこにいったのか、と厳しく批判した。その頃、栃木の自由民権家として知られた代議士田中正造は、足尾鉱毒被害民の権利と生活を守るため、議会で政府を激しく追及していたが、幸徳が先の一文を記してから一年後、議会の無力を知って議員を辞し、一九〇一（明治三四）年一二月には天皇への直訴を行なった。鉱毒被害民の中へ入って地域から中央の権力のありようを糾弾し闘った。のち、幸徳は大逆事件で刑死し、田中は辛酸をなめつくして没した。両人の軌跡は自由民権運動の課題が未達成であったことを、あらためて示していた。

しかし、日本の近代化過程において、自由民権運動の展開・発展がなかったならば、一八八九（明治二二）年の憲法の制定、および翌年の議会開設は見られず、その実現はより遅れていたと思われる。自由と平等を求め、三権分立と地方自治および主権国家の構築を目指し、広く諸階層が全国的に英知と情熱を込めて展開した自由民権運動の軌跡は、近代日本史の中に大きな轍を残したものとして振り返られるべき位置を有しているのである。

▼幸徳秋水（一八七一－一九一一）高知県出身。初期社会主義者。中江兆民の弟子。社会民主党結成に参与、田中正造の直訴文起草。『平民新聞』創刊。大逆事件に連座し死刑。

第2章

自由民権運動史研究の歩みと現在

『団団珍聞』（早稲田大学図書館所蔵）

はじめに

自由民権運動史が歴史学の対象として研究・検証されるようになったのはいつ頃か。この問いに明確に答えることは難しい。一般に研究というレベルで検討・検証がなされるようになったのは、おそらくは大正期の明治文化研究会の研究活動あたりからといってよいと思われる。『明治文化全集』など、関連史料を収集・整理し公刊したことなど、その後の研究の発展に、同研究会が果たした役割は大きい。ただそこでは、主に運動史に関わる事項や事件、あるいは人物へ関心が寄せられたのであり、研究対象の中心は、いわば個別的な問題であった。

自由民権運動が構造的に研究されるようになったのは一九三〇年代に入ってからで、いわゆる資本主義論争を契機としている。ここでは、運動・主体・組織・革命といった語句がキーワードとなり、研究はその歴史的性格づけに向けられる形となった。そして戦後、日本の近代化をめぐる問題として、民主化問題や憲法論などと関連づけられ、多くの研究者によって深められた。しかし、一九七〇年代になると、高度経済成長政策による社会構造の変化や社会史の研究の進展などから、歴史認識にも変化が見られ、したがって研究の対象も多様となった。その変化を促した要因を一言でいえば、おそらくは民衆史研究の深化といえるだろう。自由民権運動史の研究は、運動としての視座をもちつつも、民衆生活や民衆思想・民衆運動のなかでの視点からなされるようになったのである。

自由民権運動史の研究が、戦後の硬直した視座から自らを解き放し自己点検をする契機となったのは、前述のように、多分に従来の運動像や運動認識に対する民衆史研究サイドからの疑念の提示にあったことは否定できない。すなわち、「下からの民主主義（革命）運動」「民権運動家・指導＝民衆・同盟」といった認識への批判である。そしてこのような批判には説得性もあり、これを受け入れるにしても、また論駁するにしても、当初においては民衆史研究と自由民権運動研究には、相互啓発という状況があったように思われる。しかし、一九九〇年代に入ると、いわゆる「新しい歴史学」の隆盛により、従来の自由民権運動認識は否定され、自由民権運動像は大きな変更を迫られることになった。

「新しい歴史学」は、その性格を端的にいえば、いわゆる「戦後歴史学」の徹底批判を基調とするものである。この立場に立てば、近代化の志向という点では、明治政府も自由民権派も同じであり、民衆にとって両者はともに抑圧者として存在するという認識である。この認識・方法論的問いかけへの整理と受け止め方が、いま、自由民権運動史研究では重要な課題となっている。本章ではここに至るまでの自由民権運動史に関する研究の歩みと、現在の研究状況および課題について概略を記すことにしたい。

1　戦前における研究

(1)　同時代の認識および顕彰――明治期――

明治期を「同時代」として考えた場合、同時代における整理は、次の四つの視点より見ることができるように思われる。第一は、当該期、自由民権運動に関わっている人びとあるいはその周辺にいた人びとが、運動をどのように認識・総括していたかという問題である。この点について江村栄一は、自由党機関紙『自由新聞』(一八八四年)に掲載された「国会論ノ始末」「概世余談」「自由凱旋論」をあげて言及し、次のように指摘している(『自由民権革命の研究』法政大学出版局、一九八四年、序章「研究史によせて」二一～二三頁)。

これら一連の論説は自由党が変質し明治政府に妥協的になってからのもので

あるため、運動を「国会論」＝国会開設運動としてのみとらえ、しかもその内容は、天皇による立憲制の約束の積み重ねと、板垣ら士族中心の運動（愛国社↓立志社↓国会期成同盟↓自由党）として把握されている。農民層の運動は無視されており、後年の『自由党史』（一九一〇年）の原型がすでにできているといえよう。

この指摘には、多分に江村の自由民権運動認識・自由民権運動史観が表明されている。が、自由党ひいては自由民権運動に関する認識の一端を伝えている。研究上、今までほとんど取り上げられてこなかったが、当該期、運動に関わった者の認識として近年注目されているのが、壮士に関する研究である。壮士として活動し自らの思想を活動期に書き記した斎藤新一郎▼『壮士論』（蝸牛堂、一八八九年）は、その代表である。自由民権運動における壮士の位置・役割などの検討は、当該期の運動認識を検証する課題として今後の本格的な研究が待たれるところである。

第二は、運動後自らの事績を論じているいわば回顧録の類の検討である。代表的なものとしては、野島幾太郎▼『加波山事件』（宮川書店、一九〇〇年）、関戸覚蔵▼『東陲民権史』（養勇館、一九〇三年）などがあげられる。両書について江村

▼**斎藤新一郎**（生没年未詳）青森の民権家。著作は他に『経国策』。

▼**野島幾太郎**（一八六七－一九三六）下野国出身。栃木県会議員。『下野日日新聞』『野州日報』主筆など歴任。

▼**関戸覚蔵**（一八四四－一九一六）常陸国出身。民権結社・公益民会設立。いはらき新聞社創立、『いはらき』発刊。衆議院議員。

は、「専制権力により国事犯等の罪に問われた運動家こそ真に憂国の志士であるとし、その汚名をすすぐことに全力が注がれている」と指摘し、一九三三（昭和八）年に刊行された石川諒一▼・玉水常治▼編『自由党大阪事件』（自由党大阪事件出版局）については、この傾向がさらに強く、「国家主義的解釈が濃厚」と指摘している。「回顧録」の類の発掘と内容の解明が待たれるところである。

明治期には、このほか社会評論家田岡嶺雲▼が、蜂起やテロを計画した数人の小伝集『明治叛臣伝』（一九〇九年。復刻：青木文庫、一九五三年。明治文献、一九六六年）を著し、一九一〇年には、自由民権運動研究には欠かせない書、『自由党史』（上・下、板垣退助監修、宇田友猪・和田三郎編、五車楼。復刻：後藤靖解説、全四冊、青木文庫、一九五五年、遠山茂樹・佐藤誠朗校訂、上・中・下、岩波文庫、一九五七年）が刊行されている。同書は土佐派の立場から叙述されており、また、秩父事件についてはほとんど触れていないなど史料批判も必要であるが、板垣の伝記的色彩も濃く、自由民権運動研究の入門書・基本的文献である。なお、同書刊行の年は、後述するように、帝国議会において加波山事件に連座した人びとの復権決議がなされている。

第三は、自由民権運動に関係した人物についての同時代における研究・評価である。明治期に取り上げられているのは、自由党系では、板垣退助・後藤象二

▼**石川諒一**（一八九〇－一九三八）茨城県出身。記者、文筆家。『いはらき』記者、『常総野実業』主筆など歴任。関戸覚蔵を師と仰いだ。主著に『民権自由党史』など。

▼**玉水常治《つねじ》**（一八六二－一九四〇）常陸国出身。加波山事件の志士・玉水嘉一の弟。大阪事件に連座し投獄。出獄後は各地を流浪。恵州起義に参加したという。自伝に『自由か死か』がある。

▼**田岡嶺雲**（一八七〇－一九一二）土佐藩出身。評論家、文学者。『東亜説林』を創刊、投書雑誌『青年文』の主筆。その後『万朝報』『中国民報』などの記者や主筆。雑誌『天鼓』で反資本主義、女性解放など主張したが、ほとんどの著作が発禁処分となる。主著に『壺中観』『数奇伝』『明治叛臣伝』など。

郎・大井憲太郎・星亨・馬場辰猪・中江兆民らで、特に星・大井が多い。また、立憲改進党系では、大隈重信・小野梓・尾崎行雄らで、多分に顕彰の意味が含まれている。ニュアンスをやや異にするが、顕彰という意味で興味深いのは、一九一〇（明治四三）年、帝国議会に「加波山事件殉難志士表彰に関する建議案」が提出され、全会一致で同案が可決されていることである。ここで「表彰」の対象となっているのは、「国家のために身を犠牲にした」という点であり、それはどのような国家を造形しようとしたのか、その内容については不問に付されている。

第四は、初期社会主義者の運動認識である。この問題に関しては従来ほとんど整理されてこなかったので、以下少しく触れておきたい。

初期社会主義者の自由民権運動認識を知る上でよく指摘されるのが、一九〇〇（明治三三）年九月、旧自由党の流れを引く憲政党が、伊藤博文を総裁に仰ぎ立憲政友会の創設を決定した際に記した幸徳秋水の一文「自由党を祭る文」である。冒頭で幸徳は、「歳は庚子に在り八月某夜、金風淅瀝《せきれき》として露白く天高きの時、一星忽焉《こつえん》として墜ちて声あり、嗚呼自由党死す矣。而して其光栄ある歴史は全く抹殺されぬ」と述べ、「是を以て汝自由党が自由平等の為に戦ひ、文明進歩の為め闘ふや、義を見て進み正を踏で懼れず、千挫屈せず百折撓まず、凛乎たる意気精神、真に秋霜烈日の概ありき、而して今安《いず》くに在る哉」と記して、「光栄ある汝の歴史は今や全く抹殺せられぬ」と断じたのである（幸徳秋水全集編集委員会編『幸徳秋水全集』第二巻、明治文献、一九七〇年、四二三～四二五頁）。すなわち幸徳は、自由・平等・文明進歩の奮闘として自由民権運動を位置づけていたのであって、自由党が立憲代議政体の創設に尽力・果たした功績を「偉業」としつつ、またそれゆえに伊藤博文を総裁と仰ぐ政党に変質したことを厳しく糾弾したのである。

幸徳秋水の「自由党を祭る文」に比べて触れられることが少ないが、木下尚江▼も憲政党の解党を見た翌日、「自由党の最後」なる興味ある文を『毎日新聞』（一九〇〇年九月一四日）に寄せている。すなわち木下は、「自由党の精神的に死滅したるや既に久し、而して昨日遂に其の朽骸《きゅうがい》を併せて最後の埋葬式を行へり」と述べ、「『板垣死すとも自由は死せず』の警語は既に十八年前の夢と消へて今や『自由を殺して板垣耄《もう》せり』悲ひ哉」と記し、「自由党埋葬の式を了れり此日天曇り時に雨さへマジりて芝公園の松風悲哀の声を放てるは地下政友が憤怨の余情を訴ふるにやありけん」（山極圭司編『木下尚江全集』第一三巻、教文館、一九九六年、三一二～三一三頁）と締めくくっている。

石川旭山（三四郎▼）の「日本社会主義史」（『平民新聞』一九〇七年一月二〇日〈第

▼**木下尚江**（一八六九－一九三七）松本藩出身。社会主義運動家。『毎日新聞』での言論活動や非戦運動などで活躍。作家としては反戦小説『火の柱』などの著書がある。

▼**石川旭山（三四郎）**（一八七六－一九五六）埼玉県出身。無政府主義者。日刊『平民新聞』や『新紀元』創刊に参与。後に『ディナミック』を創刊してアナキズム啓蒙に努める。

二号〉～三月二四日〈第五七号〉）は、「自由党の末路」については記していないが、「日本人が欧米の文明に接して最も著しく其精神を刺激せしものは実に自由平等の思想なりき」と指摘し、文明開化期の様態に触れつつ、「民権派」について次のように叙述している。

明治六七年の頃に於る日本の思想界は、之を仏国流の民権派、英国流の功利派、独逸流の国権派の三派に区分することを得べし。民権派の人々は其心情《ハート》に於ては社会党、虚無党の運動に深く同情し、大に称讃の声を放ちたりしと雖も、思想は却て反対の個人主義たりしなり。

「民権派」を非常に限定的に把握し、その思想を引く自由党に関しては、「板垣を中心とせる土佐の青年結社は後の政党運動の萌芽となれり。彼等は其意見に於ては実に急進的革命論なりき。彼等は仏蘭西の革命史に心酔せる極端なる民主論者なりき」、「十四年に至り、堂々たる自由の大旆の下に団結せる自由党は実に其後身なり」、「自由党の目標は最も単純なりき。自由民権一点張り、国会開設一点張りなりき」、「貧民問題を唱道して之が救済に力を傾倒すべきは、当に自由党員の事業なりしに似たり。然れども、彼等の眼中政治ありて又た経済無く、人権問題ありて又た衣食問題無かりき」（『明治文化全集』第二一巻・社会篇、日本評論社、一九二九年、三三四〜三四一頁）と論じている。論題の視座から、急進的な自由主義運動を背景に、「東洋社会党」や「車会党」が誕生したことに言及していることに、初期社会主義者としての特色が見られる。自由党に関する評価・性格に関する興味ある記述である。

初期社会主義者の自由民権運動に関する認識の検討は少なく、今後の課題であるといえる。

(2) 明治文化研究会の活動――大正デモクラシー期――

「大正デモクラシー」という言葉が使われるように、大正期は、立憲制度や人権への関心が高まり、大いに議論されるようになった時期である。このような風潮のなかで、憲法・議会・政党に関する研究も進展した。広義で自由民権運動史の研究を考えるならば、憲政史研究の諸成果も自由民権運動史研究の深化と把握することもできる。この時期、自由民権運動研究史の上で特に重要な役割を果たした研究団体の活動があった。明治文化研究会の活動がそれである。

明治文化研究会は、一九二四（大正一三）年一一月に創立された。研究会の中心メンバーとなったのは吉野作造▼・尾佐竹猛▼・石井研堂▼・宮武外骨▼らである。同

▼**吉野作造**（一八七八－一九三三）宮城県出身。民本主義で知られる知識人。『中央公論』で精力的に論説活動を行なった、大正デモクラシーの指導的人物。

▼**尾佐竹猛《たけき》**（一八八〇－一九四六）石川県出身。司法官、史学者。東京控訴院判事、大審院判事など歴任。主著に『（維新前後に於ける）立憲思想』『日本憲政史』など。

▼**石井研堂**（一八六五－一九四三）陸奥国郡山出身。明治文化研究家。雑誌『少国民』『世界之少年』などの編集者。主著に『明治事物起原』など。

▼**宮武外骨**（一八六七－一九五五）讃岐国出身。ジャーナリスト、編集者。『頓知協会雑誌』をはじめ『滑稽新聞』『スコブル』など多数の雑誌を創刊。著書も『筆禍史』など多数。

会は機関誌『新旧時代』（のちに「明治文化」、「明治文化研究」と改題）を発行しているが、創刊号（一九二五年二月二〇日発行）に記載された「『明治文化研究会』に就いて」には、会創設の目的や事業が、次のように記されている。

創立　大正十三年十一月。
目的　明治初期以来の社会万般の事相を研究し之れを我が国民史の資料として発表すること。
事業　機関雑誌を発行し、時々講演会及び展覧会を開催すること。
雑誌　題名『新旧時代』毎月一回発行（定価金五十銭、一ヶ年金五円五十銭）。
会友　本誌年極購読者を会友とし、会友には種々の特典あり。
特典　会友の特典は、（1）講演会及び展覧会を本会より直接通知す、（2）明治の事物に関する質疑を本誌に発表し得、（3）本誌上に会友の為めに特設する事項、等、詳細は逐次発表す。

編集同人には、先に示した人のほかに、石川巖▼・井上和雄▼・小野秀雄▼・藤井甚太郎▼が名を連ねている。吉野作造は、民本主義を唱えた人として周知の近代日本を代表する政治学者で、宮城県古川市には吉野の業績を伝える記念館がある。石

▼**石川巖**（一八七八－一九四七）江戸・明治文学研究家。主著に『明治初期戯作年表』など。
▼**井上和雄**（一八八九－一九四六）東京都出身。浮世絵研究家。滑稽新聞社から分立した雅俗文庫の編集委員なども務めた。
▼**小野秀雄**（一八八五－一九七七）滋賀県出身。新聞学研究者。東大新聞研究所所長、上智大学教授など歴任。主著に『日本新聞発達史』など。
▼**藤井甚太郎**（一八八三－一九五八）福岡県出身。明治維新史学者。法政大学教授。主著に『日本憲法制定史』など。

井研堂は福島県郡山の出身で、『明治事物起原』の著者として知られ、郡山市の文学館には関係資料が展示されている。宮武外骨は風刺・諧謔に富む著述家・明治文化史家として近代日本のジャーナリズム史に名を残している人物である。著名な学者や個性ある文化人によって設立を見た同会は、前掲設立の趣旨に従い、講演会・展覧会などを開催するなどの活動を行なっている。

ここで留意したいのは、吉野でさえ、国家の重要なことを決める主権の所在について、自由民権期に議論があったことを知らなかったと述べていることである。見方を変えれば、この事実は、国民の間で自由民権運動の事績がその後十分に伝えられてこなかったこと、「主権は天皇にある」ということが疑う余地のない自明のことと思われていたこと、あるいは大日本帝国憲法発布後の日本は主権問題などを議論できる政治・社会状況ではなくなっていたこと、を推測させる。

明治文化研究会における自由民権運動への関心は、たとえば、機関誌『新旧時代』の一九二六（大正一五）年八月号で、自由民権運動の特集が組まれていることに表れている。同特集での主な論考を目次に従い拾ってみると、「我国立憲の大勢を作つた三星群」（矢野文雄）、「大阪立憲政党のこと」（草間時福▼）、「福島事件」（愛澤寧堅▼）、「政党事始」（石井）、「自由民権論者に加へたる刑罰」（宮武）、「民権自由に関する文献」（吉野）、などである。

▼**草間時福《ときよし》**（一八五三－一九三二）京都出身。松山英学校初代校長の後、愛媛県の民権運動に貢献。帰京して民権派新聞記者。以後官吏となる。

▼**愛澤寧堅《やすかた》**（一八四九－一九二九）陸奥国標葉郡出身。福島の民権家。北辰社結成、福島自由党結成に尽力。福島県会議員。福島・喜多方事件で逮捕。後に衆議院議員。

興味深い点としては、「板垣退助の階級論」（森谷秀亮▼）、「板垣伯岐阜遭難事件の真相」（雨花子〔尾佐竹猛〕）、「板垣伯岐阜遭難負傷診断書」、「近世日本建設の父板垣退助伯」（和田三郎▼）と板垣に関する記事が多く掲載されていること、さらには口絵にも「板垣退助遭難当時負傷写生図」に加え、「自由権現民権神」として板垣の図三葉が掲載されていることである。また、国事犯として六年の刑を受け獄中死した田母野秀顕▼の肖像画（小林清親▼画）が同じく口絵として入れられていること、一八八二（明治一五）年新聞記者として福島に在住し、福島・喜多方事件の直接の引き金となった弾正ヶ原集結時には住民を鼓舞する演説を行なった杉山重義▼の「回想」を掲載していることなど、前述の愛澤寧堅の一文と併せ福島・喜多方事件関係の記事が多く掲載されていることにも関心がそそられる。杉山はのち早稲田大学の教員になり、早稲田実業の校長も務めている。

明治文化研究会に関係した人びとの自由民権運動との関係の調査、同会が発行した機関誌で触れられた自由民権運動関係の論考や関連記事の検討などは、これからの重要な研究課題といえる。

ちなみに稲田雅洋▼は「吉野こそは民権運動の精神の継承者であった。……今日から見れば、彼の研究にも不十分な点が少なくはない。しかしながら、民権運動を日本における立憲制の展開の中で捉えようとする視点を提起したという先駆的

▼**森谷秀亮《もりやひですけ》**（一八九七－一九八六）駒澤大学教授、日本史研究者。維新史料編纂官補、日本史籍協会代表など歴任。

▼**和田三郎**（一八七二－一九二六）高知県出身。『土陽新聞』記者。『革命評論』創刊に参与し中国革命を援助。『自由党史』編集の一人。

▼**田母野《たもの》秀顕**（一八四九－八三）三春藩出身。福島の民権家。河野広中と三師社結成。自由党福島部に参加。福島・喜多方事件で逮捕され獄死。

▼**小林清親**（一八四七－一九一五）江戸出身。版画家。代表作に「東京名所図」など。『団団珍聞』での「清親ポンチ」など風刺漫画家としても活躍。

▼**杉山重義**（一八五七－一九二七）早稲田大学教授、牧師。

▼**稲田雅洋**（一九四三－）東京外国語大学名誉教授。主著に『自由民権の文化史――新しい政治文化の誕生』（筑摩書房、二〇〇〇）。

業績は、正しく評価されなければならない」（『自由民権運動の系譜』吉川弘文館、二〇〇九年、一七五～一七六頁）と指摘している。なお、江村は、この時期労働運動のなかに、不十分ながらも自由民権運動を労働者解放の思想的源流と見る見方もあったことを、日本海員組合創立委員の一人三和国章▼起草の「日本海員組合趣旨綱領規約」を例に触れている（前掲『自由民権革命の研究』三頁）。今後発展されるべき課題であろう。

(3)「資本主義論争」による研究の深化――ファシズム進展のなかで――

戦前における自由民権運動研究において、明治文化研究会に次いで重要な役割を果たしたのが、いわゆる資本主義論争における「講座派」に集った研究者たちの研究成果である。「講座派」とは、岩波書店が一九三二（昭和七）年から翌年にかけて刊行した『日本資本主義発達史講座』（以下「講座」と略称）の執筆に関わった人びとのことを指す。中心となったのは野呂栄太郎▼・平野義太郎▼・服部之総▼・羽仁五郎▼・山田盛太郎▼らである。

「講座」は書名の示す通り日本における資本主義の発達について書かれたものであるが、その内容は幕末史・明治維新史・諸産業発達史・憲政史・財政史・戦争史・植民地政策史・民衆運動史・民族運動史・文化史等々多岐にわたってい

▼三和国章　生没年、事績未詳。

▼野呂栄太郎（一九〇〇－三四）戦前の日本共産党の指導者、中央委員。逮捕され獄死。

▼平野義太郎（一八九七－八〇）日本平和委員会会長。主著に『自由民権運動とその発展』（新日本出版社、一九七七）。

▼服部之総《しそう》（一九〇一－五六）法政大学教授。主著に『天皇制絶対主義の確立』（中央公論社、一九四八）。

▼羽仁五郎（一九〇一－八三）日本大学教授。参議院議員。主著に『都市の論理　歴史的条件－現代の闘争』（勁草書房、一九六八）。

▼山田盛太郎（一八九七－一九八〇）東京大学教授。主著に『日本資本主義分析』（岩波書店、一九七七）。

る。「講座派」が日本近代化～帝国主義化の諸相の研究に大きな学問的功績を残したことは記すまでもないことであるが、では、自由民権運動史研究においてはどのような役割を果たしたのか。それは「講座派」の近代日本の国家・社会認識と深く関係している。より具体的に記せば、ファシズムの進展のなかで進められた近代天皇制研究の成果に伴うものである。

「講座派」は、内部では相違点もあるが、基本的には明治維新を近代的なブルジョア社会・西欧の資本主義的な社会変革とは見なさず、成立した明治国家は半封建的な地主制の支配とそれを基礎とする絶対主義的な天皇制国家であると捉えている。換言すれば、明治維新を経て成立し敗戦まで続いた日本の統治を貫く体制とその基盤は、絶対主義的天皇制・地主的土地所有・独占資本主義であると説いている。そしてこのような認識から導かれる政治的課題は、土地革命を基本とする「ブルジョア民主主義（革命）運動」ということになり、自由民権運動は西欧的な近代市民社会を構築しようとした運動として、きわめて高い歴史的評価が下されるのである。

以上の認識に基づいた自由民権運動に関する研究成果を「講座」に収められた論考のなかから拾い出してみると、「明治維新の革命及反革命」（服部之総）、「ブルジョア民主主義運動史」（平野義太郎）、「政党及び憲政史」（田中康夫）、「議会及び法制史」（平野）などを挙げることができる。同派の人びとは、明治維新によってブルジョア的な社会が成立したと考える研究グループ「労農派」との学問的論争をその後も続け、その理論的実証的深化に努めており、研究上に果たした役割は大きい。

しかし、彼らの言論活動は政府の弾圧の対象となり、特に一九三六（昭和一一）年の「講座派検挙」（コム・アカデミー事件）によって学問的活動が不可能になる。ちなみに、「講座派」の論争相手であった「労農派」（明治維新で日本のブルジョア化は果たされたと考える）の人びとも、一九三八（昭和一三）年に検挙され（教授グループ事件）、貴重な学問的論争も中断を余儀なくされ、その再開は敗戦、戦後を待たなければならなかった。

このように、官憲の弾圧が学問研究にまで及んだことは強く銘記されておかなければならない。いずれにしても、「講座派」の人びとにより、自由民権運動が日本近代史のなかで構造的に分析・検討されるようになったことは重要である。戦後は戦前のこのような研究成果を土台に、科学的な研究が行なわれることになるが、明治文化研究会や「講座派」の研究活動が、大正デモクラシーの崩壊からファシズム形成期に符合していることは、自由民権運動史研究の歴史を考える上で留意しておくべきことである。

2 「戦後歴史学」の開花と自由民権運動像の定着

(1) 「明治史料研究連絡会」の活動——研究高揚の第一期——

明治文化研究会の研究、あるいは『日本資本主義発達史講座』の編集に関わった「講座派」の人びとの研究活動によって、自由民権運動の実態や構造、その歴史的位相が明らかにされ始めた。そして、敗戦後の「民主化」という課題と相まって、「民主主義運動の源流」としての位置づけがなされ、自由民権運動の研究は一斉に花開いた。そして優れた研究成果が多く生み出された。換言すれば、「戦後歴史学」の開花と自由民権運動像の定着である。戦後における自由民権運動の研究状況をどのように捉えるかは議論を要するところであり、厳密な意味で研究史の整理といった場合、検討の余地があるが、筆者は、遠山茂樹▼の指摘に従い、敗戦～一九五〇年代を中心とする研究高揚の第一期と、一九七〇年代後半～一九八〇年代の研究高揚の第二期、として整理しておきたい（「第二の昂揚期を迎える研究運動」自由民権百年全国集会実行委員会編・会報『自由民権百年』創刊号〈一九八一年一月一日〉）。

戦後の研究高揚第一期でまず注目されるのは、平野義太郎・服部之総ら、いわ

▼**遠山茂樹**（一九一四－二〇一一）横浜市立大学教授。主著に『福沢諭吉 思想と政治との関連』（東京大学出版会、一九七〇）。

ゆる「講座派」の人びとの活動である。たとえば平野はいち早く『自由民権（生活社、一九四六年）を発表し、次いで労作『ブルジョア民主主義革命――その史的発展』（日本評論社 一九四八年）、『民権運動の発展』（雄鶏社、一九四八年）を著した。また、服部は「明治絶対主義と自由民権運動」（東京大学歴史学研究会編『日本歴史学講座』学生書房、一九四八年）などを執筆し、平野とともに戦後の自由民権運動史研究を先導した。この一連の研究は、「ブルジョア民主主義革命」の性格を明確にしようとするものであったが、「講座派」の活動とともに特筆されるのが、憲法論を軸に体系的な研究を進めた鈴木安蔵の研究である。鈴木は、『日本憲法史研究』（叢文閣、一九三五年）、『憲法制定とロエスレル』（東洋経済新報社、一九四二年）、『憲法と自由民権』（永美書房、一九四六年）、『日本憲法史』（日本評論社、一九五〇年）など、戦前から戦後にかけて多くの研究書を著している。そこで指摘された自由民権運動に関する歴史的性格規定を一言でいえば、「日本最初の全人民的な民主主義運動」という認識である。憲政史からの研究では、稲田正次▼が『明治憲法成立史』上・下（有斐閣、一九六〇、六二年）などの優れた業績を残している。

戦後における自由民権運動史の研究は、以上のように「講座派」と鈴木の研究に負うところが大きい。やがて個人の研究のレベルから組織的な研究へと飛躍が

▼稲田正次（一九〇二－八四）東京教育大学教授。主著に『憲法提要』（有斐閣、一九五四）。

図られるが、その契機となったのは、一九五五（昭和三〇）年の歴史学研究会の大会において自由民権運動が取り上げられたことであった。この時期は日本の独立とともに再軍備化が図られ、教職員の勤務評定の実施や警職法制定の動きなど、平和と民主主義の危機が顕著になった時である。このような政治・社会状況が、国民をして自由民権運動史へと関心を向かわせ、研究へ導いたのである。

大会は、堀江英一▼・大江志乃夫▼・大石嘉一郎▼・後藤靖▼らによる共同研究として報告された。同報告の基調・特色は、第一に、自由民権運動を近代日本最大の国民運動と位置づけたこと、第二は、運動の担い手の変化を士族↓豪農↓一般国民とし、士族民権・豪農民権・農民民権と総体的に把握したこと、第三に、この主体変容の過程を、近代を切り拓いた西欧の市民革命、すなわちブルジョア民主主義革命運動に比定し、運動の発展・純化と把握したことである。その後の研究は、多かれ少なかれこの報告と深く関わる形でなされた。すなわち一つは報告で示された視点に沿い、実証的に発展させるもので、激化事件・運動の内部構造・経済的基盤などの分析に進み、他は報告で議論の対象となった「民権運動がブルジョア的発展の中間地帯で起こった問題、国際的契機の問題、従来の思想史の方法では果たせない民衆のイデオロギーをどうつかむかという問題」（江村、前掲『自由民権革命の研究』六頁）の検討へと向かった。その研究は、六〇年代に開

▼**堀江英一**（一九一三－八一）京都大学教授。主著に『明治維新の社会構造』（有斐閣、一九五四）。

▼**大江志乃夫**（一九二八－二〇〇九）茨城大学教授。主著に『東アジア史としての日清戦争』（立風書房、一九九八）。

▼**大石嘉一郎**（一九二七－二〇〇六）東京大学教授。主著に『日本近代史への視座』（東京大学出版会、二〇〇三）。

▼**後藤靖**（一九二六－九八）立命館大学教授。主著に『士族反乱の研究』（青木書店、一九六七）。

花し、大石嘉一郎『日本地方財行政史序説』（御茶の水書房、一九六一年）、後藤靖『自由民権運動の展開』（有斐閣、一九六六年）、色川大吉『明治精神史』（黄河書房、一九六四年、増補版一九六八年）などの労作が上梓された。

ここで指摘しておきたいことは、一九五五（昭和三〇）年の報告を機に関係者の間で研究会結成の動きが出たことであり、その結果創設されたのが「明治史料研究連絡会」である。同連絡会結成の経緯について、「趣意書」には次のように書かれている。

> 戦後、明治史、特に自由民権運動に関する研究が盛んに行われるようになり、各地方で研究が進められていることは、誠に喜びに堪えません。然し、各地で発掘された史料や研究の状態を、お互に知り合う術がなく、指導も連絡もない孤立した状態におかれていることは、研究者のひとしく悩みとするところでした。五月の歴史学研究大会が、自由民権運動をテーマとした機会に、各地の研究者の方々が懇談された時にも、そのような実状が訴えられ、研究者の連絡をはかる必要が強調されました。このような要望を満すために、入交好脩▼、大久保利謙▼、林茂▼、林基▼、小西四郎▼、遠山茂樹、下山三郎▼の方々が発起されて、自由民権運動を中心とする明治期の史料の紹介や、研究

▼**入交好脩**《いりまじりよしなが》（一九〇八－九九）早稲田大学教授。主著に『土佐藩経済史研究』（高知市立市民図書館、一九六六）。

▼**大久保利謙**《としあき》（一九〇〇－九五）立教大学教授。大久保利通の孫で貴族院議員。主著に『明六社考』（立体社、一九七六）。

▼**林茂**（一九一二－八七）東京大学教授。主著に『近代日本政党史研究』（みすず書房、一九九六）。

▼**林基**《もとい》（一九一四－二〇一〇）専修大学教授。主著に『近世民衆史の史料学』（青木書店、二〇〇一）。

▼**小西四郎**（一九一二－九六）東京大学教授。主著に『日本近代史』（三笠書房、一九四〇）。

▼**下山三郎**（一九二六－）東京経済大学名誉教授。主著に『明治維新研究史論』（御茶の水書房、一九六六）。

の連絡を計る機関を設けることが計画され、……会を発足させることになりました。(『明治史料通信』第一号)

この一文からも、同連絡会は自由民権運動研究と深い関わりのなかで誕生したことが分かる。自由民権運動に関しては、『自由民権運動』(「明治史研究叢書」第一期第三巻、解説＝遠山茂樹、御茶の水書房、一九五六年)、『民権論からナショナリズムへ』(同叢書第四巻、解説＝家永三郎、一九五七年)『民権運動の展開』(同叢書第二期第三巻、解説＝入交好脩、一九五八年)などを刊行している。その他、同連絡会は、『明治史料通信』の発行、『明治史料』・『明治史料集』の発刊など、精力的な研究活動を行ない、一九六〇(昭和三五)年、新日米安全保障条約批准の折に、次のような「声明」を出していることに(六月二四日)、この会の歴史認識・立ち位置が表明されている。長くなるが、全文を記しておく。

明治史料研究連絡会は、その発足以来会として特定の立場をとることなく、まったく自由な立場で、明治史の研究の発展のために活動してきました。したがってこれまで、具体的な政策に関しては、会として特定の態度を表明することをしませんでした。しかしながら、去る五月十九日、突如として行われた自民党の一部による新安保条約の採決は、歴史学の研究を通じて平和と民主々義を守ろうとする私たちの希望をふみにじるものであります。これは私達全国民の運命に直接かかわりをもつ、重大事態であると認めざるをえません。そして国民の各層は、この事実を民主々義の危機であると感じとりました。五月二十日以降、二〇〇〇万にものぼる各地の多数国民が、民主々義の擁護と、新安保条約批准に対する政府の善処を要望する署名を集め、また東京で連日三〇万をこえるあらゆる階層の人々が、国会周辺に集まってデモを行った事実が、何よりもこのことを物語るものであります。しかも政府は、この多数の国民の声に耳をかさず、理性的な討論を拒否し、一部の力によって強行しようとする態度をかえず、ついに六月二十日には新安保条例の批准を行ない、再び国民の面前にこの不当な態度を示したのであります。

このような事態を黙過することは、政府及び与党の非民主的行為を容認するものであり、それは自由な歴史学の研究を目指す本会の精神と原理的に矛盾するものであって、会の存在意義を失わせるものであると考えます。しかしてこの不当な事態を解決する道は、為政者が民意に照らして自己の行動を反省し、国民の意思を反映する正しい議会政治をとりもどす以外にありません。そのためにはすみやかに国会を解散し、国民に対してその行為と結果につき責任ある新政府をつくることであります。私たちはこの目的達成のため、あらゆる努力を惜しまないことを声明いたします。

戦後の研究高揚第一期で主流となった自由民権運動史に対する見方・評価は、後藤靖の見解に示されているように思われる。

後藤は、自由民権運動の流れを発生期・発展期・激化期と大きく捉えた上で、㈠民撰議院設立建白が端を発し、不平士族の参政権運動が始まり（発生期）、㈡豪農や一般農民まで巻き込みながら国会開設という一大国民運動に発展し、自由党・立憲改進党という全国政党を生み出したが（発展期）、㈢やがて没落しつつある農民と急進的党員による激化事件の続発とともに運動は分裂し（激化期）、その後は地主・豪農層がきたるべき一八九〇（明治二三）年の帝国議会を目指して大同団結という名の選挙活動を展開するに至ったとした。そして、この㈡、㈢の時期こそが本格的なブルジョア民主主義革命運動であり、㈠と大同団結運動以後の動向は改良主義的性質を帯びた運動であった、とするのである（後藤靖「自由民権運動」『ブリタニカ国際大百科事典』9、TBSブリタニカ、一九七三年初版）。

ここで研究高揚の第一期とした時期は、一九五〇年代までを前期、および六〇年代に入ってからの後期と分けることもできる。各期の研究の特色について触れれば、前期においては「変革」を重視する視点から激化事件の研究に関心が寄せられていたのに対し、後期においては政党や地方自治、地域の動向など研究対象が多様になってきていることが指摘できる。

なお、前述の研究成果のほかに、この時期に上梓された重要な研究書としては、遠山茂樹他編『自由民権期の研究』全四巻（有斐閣、一九五九年）、庄司吉之助▼『日本政社政党発達史――福島県自由民権運動史料を中心として』（御茶の水書房、一九五九年）、内藤正中▼『自由民権運動の研究――国会開設運動を中心として』（青木書店、一九六四年）、井上幸治▼『秩父事件――自由民権期の農民蜂起』（中公新書、一九六八年）、松尾章一▼『自由民権思想の研究』（柏書房、一九六五年、増補・改訂版：日本経済評論社、一九九〇年）、家永三郎▼『植木枝盛研究』（岩波書店、一九六〇年、増訂版：一九六六年）、松永昌三▼『中江兆民の思想』（青木書店、一九七〇年）などがある。

(2)「自由民権百年運動」の展開――研究高揚の第二期――

一九六〇（昭和三五）年の「安保闘争」以後、「政治の季節」は一変した。池田内閣が進めた高度経済成長・所得倍増政策によって国民生活は大きく変容し、国民の関心は自分の暮らしや家庭、レジャーなど私生活の方面に向けられていいっ

▼**庄司吉之助**（一九〇五－八五）福島大学教授。主著に『世直し一揆の研究』（校倉書房、一九七五）。
▼**内藤正中**（一九二九－二〇一二）島根大学法文学部長などを歴任。主著に『山陰の日朝関係史』（報光社、一九七六）。
▼**井上幸治**（一九一〇－八九）神戸大、立教大、津田塾大学の教授を歴任。主著に『近代史像の模索――フランス革命と秩父事件』（柏書房、一九七六）。
▼**松尾章一**（一九三〇－）法政大学名誉教授。主著に『関東大震災と戒厳令』（吉川弘文館、二〇〇三）。
▼**家永三郎**（一九一三－二〇〇二）東京教育大学教授。主著に『古代史研究から教科書裁判まで』（名著刊行会、一九九五）。
▼**松永昌三**（一九三二－）茨城大学、岡山大学名誉教授。主著に『福沢諭吉と中江兆民』（中公新書、二〇〇一）。

た。しかし、その一方で憲法改正問題が声高に論じられるようになり、教育の国家統制や軍事力の強化が進み、また公害の拡大による生命・人権の危機など、多様な政治・社会問題も生じた。端的に言えば、政府主導による一九六八（昭和四三）年の「明治百年記念」行事など、戦前における価値の再評価と戦後民主主義の退歩である。このような状況は、国民に、日本における民主主義の歴史と伝統について、草の根から再発掘し、今に蘇らせ、学び、継承させようという気運をもたらした。また、水俣病など公害に苦しむ人びとや〝本土〟の犠牲を強いられる沖縄住民の苦悩、さらには時代を遡ってタコ労働者や戦時下の娼婦へ、国民の関心を呼んだ。そしてそれは、民衆の生活史・思想史など、民衆史研究の深化を促した。戦後第二の自由民権運動史研究の高揚であり、その具体的な動きとしての「自由民権百年運動」はこうした状況を背景としていたのである。

自由民権百年運動は、㈠地域住民によって掘り起こされてきた新たな事実から、自由民権運動のもつ歴史的意義・位置を確認すること、そのことを通して、㈡自由民権運動で処罰された民権家の復権を図るとともにその行動を顕彰し、あわせて暴徒・暴民の子孫として辛酸嘗め尽くした遺族の権利を回復すること、そして、㈢研究を発展させ、教育・学習を通してその運動の精神を受け継ぎ今に生かすこと、などを目標に進められた。それはまさに、多くの市民・学生・教員・

研究者などが参加し一体となって進めるという新しい形の「学習・研究」であり「運動」であり、三回にわたって開かれた全国集会は、その集約を示すものであった。次にこの集会について触れておこう。

◆第一回全国集会　一九八一（昭和五六）年一一月二一～二二日、於横浜市

第一回集会は、神奈川県横浜市の県民ホールを会場とし、「民主主義が当面している諸問題を、自由民権運動の歴史と重ね合わせて自由に討論」（基調報告）すること、すなわち、現代との関係を強く意識した性格のものとして開催された。また当時、「獅子の時代」という秩父事件に触れた大河ドラマをＮＨＫが放映していた関係から、同ドラマに出演していた菅原文太・加藤剛も特別出席、さらには松本清張・小田実らの講演など、イベント的な性格もあった。しかし、二日間で延べ三八〇〇人が集まり、自由民権に関する運動や歴史、そして自由・民権の現況について熱心に語り合うことができたことは、自由民権運動研究に関心を寄せる者には大きな意義を有するものであり、研究への意欲を掻き立たせた。

集会の内容は以下の通りである。

基調報告　遠山茂樹

記念講演　松本清張「二つの憲法草案をめぐって」

「第一回全国集会」

全体会報告　色川大吉「現代と自由民権運動」、小池喜孝「民衆史掘りおこしと自由民権」、本多公栄「自由民権と教育」

分科会　第1〈現代と自由民権〉報告、鈴木安蔵「日本国憲法制定前後」、小田実「自由民権と防衛問題、米田佐代子「自由民権と婦人問題」

第2〈掘りおこしと顕彰運動の交流〉報告、藤林伸治「歴史研究と掘りおこし」1、遠山茂樹「同」2

第3〈現代の自由民権研究〉報告、江村栄一「国会開設と憲法起草の運動」、後藤靖「天皇制と自由民権」、清水吉二「自由党と困民党」1、鶴巻孝雄「同」2、山田昭次「世界史のなかの自由民権運動」

＊報告集『自由民権百年の記録』（三省堂、一九八一年）が刊行されている。

◆第二回全国集会　一九八四（昭和五九）年一一月二三〜二五日、於早稲田大学

第二回の集会は、開校それ自体が自由民権運動と深い関わりのある早稲田大学を会場とし、全国から延べ二六〇〇人が参集して行なわれた。同集会は、特に、

㈠全国各地で行なわれてきた自由民権百年の顕彰と学習の運動を総括し今後の展

望を探ること、㈡地域史研究の発展を踏まえ自由民権運動の歴史的意義を検討しなおすこと、を目標とし（基調報告）、一一の分科会が設けられた。各分科会の報告者は合計五〇人近くにもなるという壮大なもので、どの会場も参加者で溢れ、活発な議論が行なわれた。集会の内容は以下の通りである。

全体会

A　基調報告　遠山茂樹「自由民権と現代」

記念講演　森田俊男「自由民権と平和・軍縮の思想」

加藤周一「自由と・または・平等」

B　基調報告　大石嘉一郎「自治と連帯を求めて」

記念講演　色川大吉「現代と自由民権――民衆蜂起をめぐって」

宮本憲一「現代の自治をめぐって」

分科会　第1〈自由民権と現代を語りあう〉第2〈遺族の百年をともに語る〉第3〈新しい歴史運動は何をなげかけているか〉第4〈民衆運動の源流とひろがり〉第5〈激化事件とは何だったのかⅠ　秩父事件を考える〉第6〈激化事件とは何だったのかⅡ　事件像の再検討〉第7〈自由民権期の政党と民衆〉第8〈世界史のなかの自由民権〉第9〈女性と自由民権〉第10〈民衆・憲法・国家〉第11〈自由民権期の教育〉

＊報告集『自由民権運動と現代』（三省堂、一九八五年）が刊行されている。

◆第三回集会　一九八七（昭和六二）年一一月二一～二三日　於高知市

第三回集会は、高知市において一五〇〇名を集めて行なわれた。周知のように高知は、「自由は土佐の山間より」、「生きて奴隷の民たらんよりは死して自由の鬼たらん」の語で知られ、尾佐竹猛が「自由民権のエルサリュム」と呼んだほど、自由民権運動のメッカとして重要な所である。この地に多数の人が参集し、地域・住民の視点から自由民権運動の歴史と現在の自由・人権の問題を議論したことは大きな意義を有した。

集会の内容は以下の通りである。

基調報告　外崎光廣「土佐における未知の自由民権運動」

記念講演　江村栄一「自由民権と現代」

分科会　第1〈自由民権と土佐〉報告、森山誠一「自由党結成過程における土佐派の役割」、小畑隆資「自由民権運動における土佐の位相」、寺崎修「自由党の活動と土佐派」、下村公彦「初期高知県会と民権派」

第２〈三大事件建白と大同団結〉報告、公文豪「三大事件建白と土佐」、安在邦夫「三大事件建白運動について」、福井淳・横山真一「大同団結論」、河西英通「初期議会と民党」

第３〈自由民権と地方自治〉報告、美馬敏男「土佐自由民権と部落問題」、筒井秀一「道路開さく問題と土佐民権派」、三澤純「自由民権運動と地方自治制」、奥村弘「地域社会の変容と地方制度改正」

特別分科会

第１〈市民の歴史研究と歴史活動〉報告、山崎四朗「喜多方より」、松本登「三春より」、新井勝紘「町田より」、渡辺進「土佐より」

第２〈自由民権と婦人〉報告、西川祐子「フランス革命と婦人」、光田京子「自由民権期の婦人論」、G・M・フルークフェルダー「『女権小説』の世界」

第３〈自由民権と現代〉報告、澤田慎雄「民主主義の現在と展望」、西森茂夫「自然破壊と生存の危機」、田里修「戦争と平和についての沖縄からの提言」

＊報告集『自由は土佐の山間より』（土佐自由民権研究会編、三省堂、一九八九年）が刊行されている。

自由民権百年運動は、一九八七（昭和六二）年の高知での第三回集会で一つの区切りがつけられることになった。この運動が多様な側面を有していたことについては、鶴巻孝雄▼が「民権百年運動は、地域から出発して全国集会を成功させた運動だし、『掘り起こし』や『顕彰』が表面に出やすかったが、各地の運動はたいへん多面的で、また時には個性的で、企画・運動内容は多彩だった」（「自由民権運動をどう評価するか」『日本歴史』第七〇〇号、二〇〇六年九月、一一六頁）と指摘している。したがって、この運動をどのように認識したか、そこから何を学んだかは参加した人の姿勢、向き合い方によって違いがあったことは事実である。

戦後の研究高揚の第一期においては、「戦前の研究の基本史料とされた『自由党史』の記述を越える史料の発掘に手がつけられ、また、自由民権運動総体をどう時期区分するかという大づかみな考察の枠組みづくりが目指された」（遠山、前掲「第二の昂揚期を迎える研究運動」二頁）のに対し、研究高揚の第二期、一〇年近く継続された学習・研究運動においては、次のような点において大きな成果が得られた。

①自由民権運動の現代的意義の確認（戦後歴史学の認識の基本的継承）。

②自由民権運動に関する多様な個別事項の研究の深化（参加主体・政党・憲法・地域・激化諸事件・三大事件建白運動など）。

▼**鶴巻孝雄**（一九四八－）東京成徳大学教授。主著に『近代化と伝統的民衆世界――転換期の民衆運動とその思想』（東京大学出版会、一九九二）。

③基本史料集の整理・翻刻（特に北海道・静岡・岡山・山口県など）、研究文献目録の刊行（『自由民権運動研究文献目録』三省堂、一九八四年）。

④記念館・資料館の開館（三春町自由民権記念館・一九八三年、町田市立自由民権資料館・一九八六年、高知市立自由民権記念館・一九九〇年）。

⑤市民大学の創設・民権家子孫の会の結成（三春地方自由民権運動血縁の会・一九九一年、福島自由民権大学・一九九二年。この三春地方自由民権運動血縁の会と福島自由民権大学の活動様態については、安在邦夫・田崎公司編『街道の日本史12　会津諸街道と奥州道中』〈吉川弘文館、二〇〇二年〉で触れられている）。

戦後における自由民権運動研究高揚第二期はなんといっても「掘り起こし運動」に基づく地域研究の深化・民衆史研究の発展を背景としている。特に北海道・青森・岩手・宮城・秋田・福島・新潟・埼玉・千葉・東京・神奈川・静岡・愛知・長野・福井・京都・大阪・岡山・愛媛・佐賀・熊本・沖縄の諸都府県の研究の進展は著しいものがあった。たとえば、小池喜孝『鎖塚――自由民権と囚人労働の記録』（現代史資料センター出版会、一九七三年）、井出孫六『秩父困民党群像』（新人物往来社、一九七三年）、中澤市朗『自由民権の民衆像』（新日本出版社、一九七四年）、後藤靖『天皇制形成期の民衆闘争』（青木書店、一九八〇年）、比屋根照夫『自由民権思想と沖縄』（研文出版、一九八二年）、北崎豊二『近代地方民衆史研究』（法律文化社、一九八五年）、外崎光廣『土佐自由民権運動史』（高知市文化振興事業団、一九九二年）などがあげられる。こうした認識のもとで、自由民権運動像を描いたのが、本書第1章の「自由民権運動史の概観」である。これは、『ブリタニカ国際大百科事典』の第三版（一九九五年）刊行に際し、後藤靖に替わり筆者が担当・執筆した項目「自由民権運動」をもとにしている。もっとも、同事典においては、「第四期」を「後退期」と記した。本書ではこの部分を「収斂期」とした。この認識の変化は、その後の研究のなかで改めたものであり、同時期の民権派の動向を見た場合、本書で用いた語のほうが正鵠を射ていると考えたからである。ただし、これは自由民権運動をどのように把握するかという問題と連動するものであり、異論もあろう。一つの問題提起としておきたい。研究高揚の第一期を代表する後藤の記述と、第二期に位置する筆者のそれとの相違について記せば、次の通りである。

　第一は、後藤が運動史全体の流れを発生・発展・激化とし、自由党解党後の大同団結運動に関しては「改良主義的運動」としてほとんど触れていないのに対し、筆者は初期議会までを自由民権運動の範疇として明確に位置づけたこと。これは大日本帝国憲法発布後自由民権派のなかに「憲法点閲」の動向が見られること、また初期議会での活動に自由民権派の精神の継承を看取し得るとの認識によるものである。第二は、後藤が激化事件を本格的な自由民権運動と見るのに対し、筆者は政党の結成・活動を運動の頂点と見なし、政党活動をもって展開期と位置づけたこと、特にこの場合立憲改進党および同党に連なる運動についても歴史的な評価を与えたこと。第三は、第一、第二とも関連するが、後藤が自由民権運動の展開を、近代社会を構築する革命運動（ブルジョア民主主義革命）の過程と見なし、その最終段階を激化・解体・敗北と認識しているのに対し、筆者は立憲制国家の創造を主としつつ、国民各層の諸要求を提起した複合的な運動と位置づけ、運動を単純に解体・敗北とは捉えていないことである。しかし、ここで記しておきたいことは、私の場合、違和感を多分にもちつつも、基本的には「戦後歴史学」の自由民権運動認識を全面的に否定する立場をとらず、その良質の部分は継承・発展させるという歴史認識に立っていることである。その立場から造形される自由民権運動像を大きく変える研究が隆盛する状況が生み出された。いわゆる「新しい歴史学」の登場である。

3 「新しい歴史学」の運動像修正とその理論

(1) 「新しい歴史学」の登場と自由民権運動像の修正

一九八〇年代に台頭し、従来の歴史認識に大きな問題を提起しつつ、一九九〇年代に入って隆盛したのが、いわゆる「新しい歴史学」である。冒頭でも触れたが、現在では「現代歴史学」の名も冠されている。その歴史認識の特色を単純に叙することはできないが、確実にいえることは「戦後歴史学」への批判ということである。研究史的にいえば、第三期の段階といえよう。

では、この歴史認識における自由民権運動理解と従来のそれはどのように違うのか。このことに関して、大日方純夫▼が「旧い歴史学」「新しい歴史学」として次のようにきわめて要を得た整理をしている（「『自由民権』をめぐる運動と研究――顕彰と検証の間」町田市立自由民権史料館紀要『自由民権』第一七号、二〇〇四年）。

〈〝旧い〟歴史学の「自由民権」像〉

第一　国家と運動の関係を、支配と抵抗・対立と闘争・敵と味方、として描

▼**大日方《おびなた》純夫**（一九五〇－）早稲田大学教授。主著に『日本近代国家の成立と警察』（校倉書房、一九九二）。

く。主役は〝闘う民権〟。全体として権力との相違や異質性を強調。運動史としての自由民権。

第二　事実・現実・真実に関心。客観的状況の解明を重視し、実態の解明が研究の主眼。

第三　民権運動（狭義の）と民衆運動の共同・連結に関心。

〈〝新しい〟歴史学の「自由民権」像〉

第一　〝二項対立〟的見方を批判。国家と運動との共通性・同質性の発見。

第二　〝闘う民衆〟ではなくパフォーマンスする民権への関心。言説・物語・記憶に強い関心をもち、事実・真実から離れようとする心情・意識・文化を重視し、主観的な状況に関心を寄せ実体よりもメディア（情報と媒体）を重視。文化史としての自由民権。

第三　民権運動（狭義の）から民衆運動を分離・独立させ、民衆運動の自律性の強調。

大日方の指摘からも明白なように、「新しい歴史学」の立場から提起された問題点は、大きく分けて三点であり、表現を換えれば、国民国家論、民衆史論、政治文化論、としてよいと思われる。まず、第一の国民国家論と自由民権運動の認識について触れ、次に民衆史論・政治文化論に関して見ることにする。

①国民国家論の視座　国民国家とは何か。辞典的な表現をすれば、「国境線に区別された一定の領域から成る、主権を備えた国家で、その中に住む人々（ネイション＝国民）が国民的一体性（ナショナルアイデンティティ＝国民的アイディンティティ）を共有している国家」（木畑洋一「世界史の構造と国民国家」歴史学研究会編『国民国家を問う』青木書店、一九九四年、五頁）と定義づけられる。国民国家論を牽引した西川長夫▼の指摘に従い、その特質について整理すれば、以下の通りである（西川長夫「一八世紀　フランス」歴史学研究会編、前掲『国民国家を問う』二二五〜二二六頁）。

第一に、原理的には国民主権と国家主権によって特徴づけられること。

第二に、国民統合のためのさまざまな装置（議会、政府、軍隊、警察等といった支配・抑圧装置から家族、学校、ジャーナリズム、宗教、等々といったイデオロギー装置までを含む）が必要であると同時に、国民統合のための強力なイデオロギーが不可欠であること。

第三に、単独では存在せず、他の国民国家との関連において存在し、それぞ

▼**西川長夫**（一九三四－二〇一三）立命館大学教授、モントリオール大学客員教授等を歴任。主著に『国境の越え方　国民国家論序説』（平凡社ライブラリー、二〇〇一）。

れに自国の独自性を強調しながらも、相互に模倣し類似的になる傾向があること。

自由民権運動との関連でいいえば、特に重要なのは第二の点で、それは次のように帰着する。

家庭、学校、軍隊あるいは政党(自由民権運動もその中に入りますが)、そういうあらゆる装置を通して国民化が進行する。そして、国民化のイデオロギー的な中心となるのは「愛国心」と「国民文化」、日本だと天皇制と「日本文化」の形成だと思います。国民国家の中では、反体制運動が民衆を巻き込んで、自発的な国民化を促すという逆説があって、自由民権運動もそこに関わってしまうのです(西川長夫「国民国家の形成と自由民権運動」『自由民権』第一〇号、一九九七年、一二頁)。

国民国家の形成にあたっては、政治・経済・社会・文化などあらゆる分野の統合化が図られること、別言すれば空間・時間・習俗・身体などすべての面で国民化が図られるとし、自由民権運動も結果的にはそれに加担したもの、すなわち「国民化」を推進した運動であり明治国家の形成に連動した、と認識するのである。かくして自由民権運動は、「反体制の運動であるからこそ民衆を巻き込んで国民国家形成を助ける。ナショナリズムを強化するような機能・効果を持ってしまったということになる」（西川、前掲「国民国家の形成と自由民権運動」九頁）と指摘する。やや飛躍するが、このような理解からは、偏狭なナショナリズムやファシズムを産みだすのも国民そのものということになり、国家や権力は相対化される。そして当然のことあるが、自由民権運動の歴史的意義は認められないか、極めて限定されたものとして理解される。

②民衆史の視座　西川長夫の国民国家論との関係を、民衆史の視座よりさらに精緻に論理化し提示したのが牧原憲夫▼である。牧原は戦後歴史学的認識の転換を強く説き、従来の自由民権運動の理解に疑問を投じ問題を提起してきたが、牧原の「旧い自由民権像」への違和感は、自らの自由民権運動研究の過程で認識されたというものではなく、研究の出発時にすでにあったことをうかがい知ることができる。すなわち、「なぜ近代日本の民衆は国家にからめとられてしまったのか、その理由を弾圧・裏切り・限界といった形ではなく、『敗北の論理』の歴史的内在的分析によって明らかにしたい」（「民権と民衆――二項対立図式を超えるた

▼**牧原憲夫**（一九四三-）東京経済大学助教授等を歴任。主著に『明治七年の大論争――建白書から見た近代国家と民衆』（日本経済評論社、一九九〇）。

めに」『自由民権』第一〇号、一九九七年、一八頁）という考えから歴史の研究に入った、と述べているからである。

牧原は、一九七〇年代、研究に邁進するなかで、①〝民衆＝小生産者による下からの民主主義革命〟という講座派や大塚史学的な市民革命像の恣意性を知り、②「民衆の敗北」は特殊日本的な問題ではなく近代国家一般の問題として受けとめねばならないことを学び、③植民地という「周縁＝外部」から西洋近代を批判するのではなく、近代国家の内部、「中心における周縁」としての民衆の位置から考えることの必要性を認識した、と自らの研究の来し方を振り返っている（前掲「民権と民衆」一八頁）。

このような問題関心から民衆史の研究を進めた結果、牧原が確認したことは、民権運動（民権運動家、民権派）と民衆運動（民衆）との違い、自律した民衆世界の存在である。両者の相違を箇条書きにすれば、①民権運動が政治運動にあるのに対し、民衆運動は生活・経済運動であったこと、②民権派は資本主義・国民国家を志向したのに対し、民衆の願望は反封建・反資本主義であったこと、③民権派は政治参加を目指し主権者となることを図ったのに対し、民衆の政治観念は被治者としての仁政要求であったこと、と整理される。

この認識を国民国家論との関係で示せば、自由民権運動は、「政府に向かって

『国民としての権利』を要求すると同時に、食客・市民の如き民衆に向かって『国民としての自覚』を喚起する、典型的な国民主義の運動であり、近代国民国家の建設という課題意識において、明治政府や福沢と共通の基盤に立っていたのである」(『客分と国民のあいだ』吉川弘文館、一九九八年、八四頁)ということになる。別言すれば、このような認識は、自由民権派のナショナリズム・国権的要素に関する従来の理解、すなわち「民権から国権へ」という把握の否定はもちろん、「民権即国権」論あるいは「民権=国権」論をも批判する内容を有するものである。いずれにしても、政治的に政府と敵対していた自由民権運動も、近代国民国家の創出という点では軌を一にし、民衆の求める「政事」に対しては、ともに否認する同格の立場に立つというのである。以上の理解を踏まえ、従来の自由民権運動研究への牧原の批判点を列挙すれば、次の通りである。

歴史を進歩・発展させるための政治的課題がその時代ごとに存在し、その実現をめざす〝前衛〟を民衆は当然支持するはずであるという思い込みは、近代の社会・政治運動に共通(前掲「民権と民衆」一九頁)。

この時期の政治構造は明治政府と民権運動の二極対立ではなく、民衆を含めた三極対立とみた方が実態に近い。しかも単純な対立ではなく、民権派と政府は対立しつつ「近代国家の建設」「民衆の国民化」という大枠を共有（『民権と憲法』岩波新書、二〇〇六年、三〇頁）。

民衆が民権派の主張・理論を理解し支持したことを意味しなかった。……演説会の熱狂は、近世的な「政事」意識と近代的な政治理論とが「反政府・反権力」の一点で共振しスパーク（火花）を発したものであり、それゆえに政府に大きな衝撃を与えた（『文明国をめざして』小学館、二〇〇八年、二七一〜二七二頁）。

〔秩父事件は――引用者注〕民衆だけでも蜂起はできたが、こうした「過激青年」が介在することで広域性や一定の組織性が生まれ、ついに武装蜂起という大スパークが起きたのである（前掲『文明国をめざして』二七二頁）。

客分意識や反政府感情が根強かったこの時期の民衆に、「国民」意識や「天皇は国民の味方だ」という観念を浸透させるうえで一定の役割を果たしたのは、政府よりも民権運動の側だったのである（前掲『文明国をめざして』二七四頁）。

以上の指摘は、記すまでもなく、戦後の自由民権運動研究、その運動認識に大きな転換を迫るものであった。

牧原の他に、自らを「民衆史派」あるいは「国民国家論派」の立場と位置づけ、武相の困民党の研究を中心に、幕末維新期以降近現代日本の民衆史研究を通して民衆の正当性観念（モラルエコノミー）を検証し、自律的な民衆の存在を明らかにしつつ、従来の自由民権運動研究に問題を提起したのが鶴巻孝雄である。鶴巻は、「多摩地域でおこなう市民講座の参加者の反応には、自由民権運動は旦那衆（富裕者・地域支配層）の運動に過ぎない、という批判も少なくなかったこと、真の民主主義の希求者は、旦那衆の民権家ではなく、より底辺の民衆（困民党参加民衆）だったのではないか、という考え方もまた、市民的な基盤をもっていたこと」（前掲「自由民権運動をどう評価するか」一一五頁）など、自由民権百年運動にも触れて、底辺民衆＝困民の営為の歴史的意義を論じている。

鶴巻の議論には、従来安易に使用されてきた「民衆」概念を検討し、その意識を「豪農層と底辺民衆（自作農・貧農・半プロ）および奈落と辺境の民衆（被差別民・アイヌ等々）」という「三層構造論」として提起したひろたまさき▼の考えと通底するものがあるように思われる。いずれにしても、鶴巻の研究の意義は、啓蒙主義的な自由・民権という価値認識を絶対的なものとする理解に疑念を示し、運動の本質・歴史的意義は、従来考えられてきた豪農層＝自由民権派の運動（自由民権）ではなく、底辺民衆の動向＝困民党運動にあるとした点にある。

▼ひろたまさき（一九三四－）大阪大学名誉教授。主著に『文明開化と民衆意識』（青木書店、一九八〇）。

③政治文化論の視座　鶴巻と同様に、困民党の精緻な分析などを通し自由民権運動とは異なる自律した独自の民衆世界像を析出し、従来主流をなしてきた「指導=同盟」論、すなわち自由民権家の指導のもとで多くの国民が運動を支えてきたという認識に関し厳しく批判したのが稲田雅洋である（『日本近代社会成立期の民衆運動』筑摩書房、一九九〇年）。稲田は次のように指摘している。

民権派は政治的には明治政府と対立していたが、西欧をモデルとした近代化を進めるという点では、その内容に違いがあるものの共通の地盤の上に立っていた。この点から言えば、民衆運動の要求は民権運動のめざしたものとは異なった地平に依拠するものである（「自由民権運動は何を残したか」佐々木隆爾・山田朗編『新視点　日本の歴史』第六巻、新人物往来社、一九九三年、八九頁）。

前掲引用文と同一線上の議論であるが、「武力や暴力を過大に評価し、その観点から民権運動を見てしまうと、民権運動の流れを歴史的スパンの中で捉えることができなくなる」（『自由民権運動の系譜』吉川弘文館、二〇〇九年、一八四頁）と指摘し、いわゆる「激化事件」を自由民権運動の範疇から除外している。

しかし、稲田の場合、自由民権運動そのものに関しては、「政治活動を日常とする活動家、つまり民権家が誕生した。また、自分たちの共通の利害を国家的な課題との関連で解決しようとする政治組織、政党も作られた。これらの意味で、民権運動は明確に近代政治運動の出発点であるということができる。それは、民権運動の果たした大きな歴史的な役割である」(「困民党の論理と行動」新井勝紘編『自由民権と近代社会』吉川弘文館、二〇〇四年、二六八頁)と、その歴史的意義を認めている点、牧原・鶴巻とは相違している。

かくして稲田は、「立憲政体の早期樹立をめざしてくり広げられた運動」(前掲『自由民権運動の系譜』一頁。ちなみに稲田は立憲政体を「三権分立と国民の権利を規定した憲法に基づく国家体制」と規定している)という視座から自由民権運動を位置づけ、その「早期樹立のために闘った民権家たちと、彼らを中心に展開された民権運動とは、今日においても省みられるべき歴史的意義をもっている」(前掲『自由民権運動の系譜』一八五頁)として、自由民権運動の現代的意義に言及するのである。ここで稲田が特に注目・留意したのが、新聞・演説などであり、その検証を通して次のように指摘している。

歴史に道徳を持ち込む態度を離れて、自由民権運動を見直すとき、その歴史的な役割が改めて浮かび上がってくる。その最も大きな意義は、新聞と演説という二大車輪に代表される言論活動こそが世の中を動かす力であるということを実現したことである。……新聞と演説の定着が新しい政治文化の誕生を意味するとすれば、それらを基本的な媒体とする自由民権運動は、その上に展開した成果であると言えよう（『自由民権の文化史』筑摩書房、二〇〇〇年、三四三頁）。

自由民権運動史研究に「政治文化」の視点を最初に導入したのは安丸良夫▼であると筆者は理解しているが（「民衆運動における『近代』」深谷克己・安丸良夫校注『日本近代思想大系21　民衆運動』岩波書店、一九八九年）、この視座を発展させたのが稲田であり、「政治文化」の問題は今後さらに深められるべき研究課題である。ただ、演説や新聞などは、政治・社会的課題を解決・実践するための意志を伝える方法・手段であり、目的ではないことは銘記されておかなければならないと思われる。

ところで、自由民権運動像の「修正」を説く牧原の言に従って表現すると、戦後歴史学の系列に連なる自由民権（運動）認識を有している人びとは「民権論派」、〝新しい〟認識に立つ人びとは「民衆史派」という呼称になる。そのことは

▼**安丸良夫**（一九三四－）一橋大学名誉教授。主著に『文明化の経験　近代転換期の日本』（岩波書店、二〇〇七）。

ともかく、以上ここで取り上げた四人のうち、稲田を除く西川・牧原・鶴巻に共通する認識の特色として指摘し得ることは、①民衆独自の世界の析出、②近代・近代的価値に対する懐疑、③国家の相対化、④進歩・変革への疑念、という点であろう。稲田においては、①に関しては三人と共通し、文化主義的発想・認識に留意している点で独自性を有している。ここで留意しておきたいことは、その理論的根拠として社会史やポストモダンの理論を背景としていることである。このことについて、次に若干触れておくことにしよう。

(2) 「新しい歴史学」の理論

①社会史研究の流れ

「新しい歴史学」の歴史認識には、それを導いている理論がある。もちろんそれは多様な理論の学習・咀嚼の上に成っているものであろうが、大きな影響を与えている理論として指摘できるのは、二つあるように思われる。一つは社会史の流れであり、もう一つはポストモダンの流れである。たとえば、社会史研究の立場から二宮宏之▼は次のように言及している。

歴史学の交流が世界的な規模で広がっている今日、相互に影響あることは言うまでもないが、それにもかかわらず、ここには同時代現象を見るほうが当

▼二宮宏之（一九三二－二〇〇六）東京外国語大学教授。主著に『歴史学再考――生活世界から権力秩序へ』（日本エディタースクール出版部、一九九四）。

たっている。その根底にあるのは、普遍主義的科学の装いをもって理論武装した近代知そのものの再審であり、近代の学問から現代への転位なのであった。その意味で、戦後歴史学が近代歴史学の最高の達成であったとすれば、社会史は現代歴史学への道をひらく第一歩となることを自らの課題としたのだ（「戦後歴史学と社会史」歴史学研究会編『戦後歴史学再考　「国民史」を超えて』〈シリーズ歴史学の現在3〉青木書店、二〇〇〇年、一四〇頁）。

すなわち、戦後歴史学＝近代歴史学↓社会史＝現代歴史学という認識で、社会史に見る方法論こそ現代歴史学とし最も有効であるという指摘である。社会史研究の流れにも、イギリス・フランス・ドイツなどで違いがありそれぞれ特色を有するが、特に大きな位置を占めていると思われるのがフランスのアナール学派の歴史認識である。同派は一九二九（昭和四）年、リュシアン・フェーブル▼、マルク・ブロック▼らが創刊したフランスの歴史学雑誌『社会経済史年報《アナール》』（*Annales d'histoire économique et sociale*）に集まった研究者たちのグループのことで、この学派が一般に社会史（あるいは社会・経済史）研究として知られている。その歴史認識の主な特徴としては、第一に、伝統的な政治史・社会経済史に対し、より広い視野で人間の具体的生活を検討する「全体史」を志向していること、第二

▼**フェーブル**（Lucien Paul Victor Febvre）（一八七八–一九五六）仏国ストラスブール大学教授。主著には二宮敬訳『フランス・ルネサンスの文明』（ちくま学芸文庫、一九九六）。

▼**ブロック**（Marc Léonard Benjamin Bloch）（一八八六–一九四四）仏国ストラスブール大学教授。第二次世界大戦中にドイツ軍によって処刑。主著に松村剛訳『歴史のための弁明　歴史家の仕事』（岩波書店、二〇〇四）。

に、歴史事象を表面的現象ではなく「深層」において捉えようとしていること、第三に、隣接諸科学の方法を多面的に援用し、気候史・人口史・数量史・心性史等々歴史研究に新しい分野を開拓していること、などを指摘することができる。

アナール学派の第三世代を代表するジャック・ル・ゴフ▼を例にとると、彼は『歴史と記憶』（立川孝一訳、法政大学出版局、一九九九年）のなかで、①民族のアイデンティティの創出（ロマン主義）や階級闘争の手段としての歴史（マルクス主義）および主観を交えず史料に忠実に叙述する歴史（ランケ流実証主義）の否定、②年代記的な政治史からの解放、「温故知新」・「教訓」としての歴史の認識への批判、③歴史における集合的な記憶・心性・神話などへの留意、④近代性・近代化・近代主義に関する概念規定、⑤歴史と歴史学（歴史科学）の峻別など、興味ある認識を示しているのである。

ただし、社会史に関しては次のような批判がある。

> 「社会史」は歴史の全体認識を目指す「新しい歴史学」を標榜しているが、目下のところ、それが十分達成されているとはいえない。社会史研究が懸命に追究している社会の基層部への照射とともに、経済発展・国家・権力・支配・階級といったマルクス歴史学が主題としてきた課題をどう見直しつつ自

▼ル・ゴフ（Jacques Le Goff）（一九二四－二〇一四）仏国高等研究実習院第6部門長等を歴任。主著に池田健二・菅沼潤共訳『中世とは何か』（藤原書店、二〇〇五）。

己の答案を提出するかが重要である。とくに社会・国家の「統合」の問題をどう理解するのか、という点についての解答なしに社会史は近現代史研究の基軸的方法たりえないのではないか（永原慶二『20世紀 日本の歴史学』吉川弘文館、二〇〇三年、三一四頁）。

また、アナール学派に関して記せば、当初、新鮮で瑞々しさを有していた同派の歴史認識にはマルクス主義者も注目していたようである。たとえば、エリック・ホブズボーム▼は次のように記している。

フランスのアナール学派とイギリスのマルクス主義の歴史家の類似は、しばしば注目されている。両者の知的な系譜は異なり、また卓越した代表者の政治観は著しく違っていたが、両方とも相手側が似たような計画にそって歴史研究を行なっていると考えた（『歴史論』原剛訳、ミネルヴァ書房、二〇〇一年、序文五頁）。

ケンブリッジでは、私たちの何人かが、すでに一九三〇年代に『アナール』を読むように指示された。……『アナール』とマルクシストのあいだに一種の関係が結ばれたという、奇妙な事実である（前掲『歴史論』二五五〜

▼ホブズボーム（Eric John Ernest Hobsbawm）（一九一七－二〇一二）英国ロンドン大学名誉教授。主著に船山栄一訳『匪賊の社会史』（ちくま学芸文庫、二〇一一）。

二五六頁)。

『アナール』は、しかし、一九五〇年代ころよりその清新な発想を失い、次第に体制化していった。たとえば、前掲『歴史論』におけるホブズボームの次の一文からそのことが推測される。「私たちが『パースト・アンド・プレゼント』誌を創刊したとき、第一号は『アナール』に言及した。……私たちは、『野党の歴史学』つまり反体制の歴史学と呼んでもよいような、この偉大な先駆(フェルナン・ブローデル▼のこと——引用者注)を大いに尊敬し、敬意を表したいと思ったのである。もちろん『パースト・アンド・プレゼント』が創刊されたころには、『アナール』はもはや反体制ではなくなっていた」(二五六頁)。心性史という問題の認識も、権力により人の心がどのように作り操作されるのか、あるいは変えられていくのかという点は捨象され、人間の感情的な側面を重視するというような理解である。気候史、人口史などの新しい分野を切り開いたことについては評価されるが、歴史を構造的体系的に、そして発展的に把握する視点については、その意図とは逆行しているように思われる。それは多分にポストモダンの影響を受けてのことと思われる。

▼**ブローデル**(Fernand Braudele)(一九〇二-八五)コレージュ・ド・フランス教授。主著に金塚貞文訳『歴史入門』(太田出版、一九九五)。

②ポストモダンの思考

近年、歴史認識に関して問題提起し、社会史研究にも影響を与えてきたのが、ポスト構造主義・ポストモダニズムと呼ばれる思考様式である。ポスト構造主義においては、理性・真理など、秩序を基礎づけているものや二元論を否定し、多元論的な考え方が提示される。ポストモダニズムとは、合理主義・機能主義的なものへの批判として、具体的には主に建築・デザインなどの領域で現れたもので、一九七〇年代にアメリカで使い始められた言葉といわれる。

厳密にいえば両者には違いがあり、これをひとまとめにして論述するのは問題であろう。しかし、両者を含め敢えてこれを「ポストモダン」と呼び、歴史認識との関わりでその特徴を述べれば、第一に、啓蒙主義的な原理を否定、またはこれに懐疑的であること、第二に、史料における客観性を否定し、したがって歴史叙述における客観性に疑問を投じていること、第三に、「人間主体」の解放や「進歩」・「革命」などを「大きな物語」（マクロ・ミュトス）とし、そうした「知」に対し不信・無効を示していること、第四に、多極化した状況にはそれに対応する価値基準を設ける必要があるとしたこと、換言すれば相対主義的な「知」の強調、などを指摘できるように思われる。

このポストモダンの思考様式生誕の社会的背景に関しては、たとえばテリー・

イーグルトン▼は次のような指摘している。

ポストモダニズムには物質的背景がある。それは西側資本主義が新しい形態に移行していった時期に生まれたということである。新しい資本主義は技術、消費、文化産業などからなる、流動的、脱中心的社会を作りだした。そこでは伝統的な製造業にかわって、サーヴィス業、金融業、情報産業が主導権をとり、階級を中心にした古典的な政治にかわって、さまざまなかたちの「アイデンティティ・ポリティクス」が展開されている。ポストモダニズムはこうした時代の様相を反映した文化である（『ポストモダニズムの幻想』森田典正訳、大月書店、一九九八年、五〜六頁）。

いずれにしても、前述のような社会史、なかんずくアナール学派やポストモダン、あるいは両者の融合・混合のなかで「新しい歴史学」は生まれている。そこから導き出されている自由民権運動像は、啓蒙や進歩、近代的価値などに留意する従来の自由民権運動像とは、当然のことながら大いに異なっている。「新しい歴史学」に関する一般的問題・特色としては、どのようなことが指摘できるのか。たとえば次のような一文がある。

▼イーグルトン（Terence Eagleton）（一九四三－）英国オックスフォード大学教授など歴任。主著に大橋洋一訳『文化とは何か』（松柏社、二〇〇六）。

経済発展段階論に託してバラ色の未来像を語ったマルクス主義と近代主義が二つながら失墜した今日、歴史家が安易に世界の未来を語れない（正確には、語らない）のは当然であろう。社会史家とて例外ではない。周知のように、社会史もしくは「新しい歴史学」は発展段階論的グランド・セオリーへの懐疑から出発している。文化多元主義の必要性を説く以外、世界若しくは日本の未来予測を「学問的に」展開しようなどという野心はもともと持ち合わせていないのである（谷川稔「試練に立つ『新しい歴史学』——訳者あとがきにかえて」ピーター・バーク編『ニュー・ヒストリーの現在』谷川稔他訳、人文書院、一九九六年、三三九頁）。

引用文の述べるところを整理すると、①マルクス主義・近代主義の失墜、②発展段階論的グランド・セオリーへの懐疑、③文化多元主義の視座の必要性、というのが、「新しい歴史学」の前提になっていると考えることができる。まさに先に整理したポストモダンの思考様式と符合する。

一九九〇年代以降日本の歴史学界でも顕著になった「新しい歴史学」のもつ相対主義的把握や多元論的認識については首肯でき、そこから導き出される自由民権運動認識も理解できる。しかし、この認識は果たして歴史認識として有効なのか。この点については節をあらためて触れることにする。

4　自由民権運動史研究の現状と課題

(1) 自由民権運動史研究の全体的状況

①研究状況と情報公開　「新しい歴史学」からの自由民権運動史研究批判は、自由民権運動の歴史的意義の再検討を迫るものである。その指摘には、確かに戦後歴史学のある意味での硬直性を突く面もあり、学問的刺激を与えた。そして、政治・社会状況の変容や近代的価値の見直しの風潮とも相まって、自由民権運動史研究への関心が減じたことも否めない事実であった。しかし、従来の視座に立つ実証的な自由民権運動史研究も着実に進められてきた。

まず、研究の成果を伝えることを主眼とした論考に、福井淳「近代移行期自由民権運動史研究」(深谷克己編『世界史のなかの民衆運動』〈民衆運動史5〉青木書店、二〇〇〇年)、同「『民権一二〇年』からの民権研究――批判に学びつつ超える視座」(『自由民権』第一九号、二〇〇六年)、安在邦夫「自由民権運動研究の歴史と現在」(深谷編、前掲『世界史のなかの民衆運動』)、同「『新しい歴史学』と自由民権研究――自由民権百二十年の課題」(『秩父事件　研究顕彰』第一三号、二〇〇三年)、同「自由民権百年運動から二〇年を経て――感懐と研究状況・課題をめぐる覚え書き」(『自由民権』第一七号、二〇〇四年)などがある。

以上のほか、研究の状況と課題に視点を据えて整理した論考には、大日方純夫「『第二回全国集会報告集』に学ぶ――研究発展のために」(「自由民権百年」連絡事務局『自由民権百年連絡会ニュース』創刊号、一九八六年一一月)、同「自由民権運動」(国際歴史学会議日本国内委員会編『歴史研究の新しい波――日本における歴史学の発達と現状Ⅶ』山川出版社、一九八九年)、同「民権運動再考――研究の現状と課題」(『自由民権』第一〇号、一九九七年)、同「『自由民権』をめぐる運動と研究――顕彰と研究の間」(『自由民権』第一七号、二〇〇四年)や、前掲の鶴巻孝雄「自由民権運動をどう評価するか」、稲田雅洋「自由民権運動は何を残したか」などがある。

指摘しておきたいことは、単行書・論考はもちろん自由民権運動に関する情報が、現在容易に得られるようになったことである。その一つが町田市立自由民権資料館の紀要『自由民権』に記載されている「自由民権運動関係文献情報」であり、他は国立歴史民俗博物館(千葉県佐倉市)のウェブサイトに開設されている「自由民権運動研究文献目録データベース」である。前者は年度ごとの研究成果を整理・掲載しており、後者は年ごとに更新しているので、文字通り最新の研究状況を得る上で重要な役割を果たしている。

ちなみに、第二の高揚期以降一九九〇年代にかけて上梓された主要な個人の研究について触れれば、江村栄一『自由民権革命の研究』（法政大学出版局、一九八四年）、寺崎修『明治自由党の研究』上・下（慶応通信、一九八七年）、大石嘉一郎『自由民権と大隈・松方財政』（東京大学出版会、一九八九年）、大日方純夫『自由民権運動と立憲改進党』（早稲田大学出版部、一九九一年）、安在邦夫『立憲改進党の活動と思想』（校倉書房、一九九二年）、阿部恒久『近代日本地方政党史論』（芙蓉書房出版、一九九六年）、澤大洋『都市民権派の形成』（吉川弘文館、一九九八年）などが挙げられる。

以上のうち特に江村の研究は、問題意識を強く有して書かれた書である。すなわち江村は、「当時の参加者が、国会開設により天皇と明治政府の『専制』を変革しようとする自らの運動を、欧米の市民革命になぞらえていたことは疑いない」との認識から書名を「自由民権革命」とし、「一八七〇年代後半から一八八〇年代—自由民権期—における民衆運動のなかに自由民権運動を位置づけてみるという視座を提起し、そのような歴史像構成の基礎作業を試み」（前掲『自由民権革命の研究』二頁）ることを意図したものである。これは次の点で研究史上大きな意味を有している。第一は、戦後の第一期の研究＝一九五〇年代（筆者の叙述では戦後研究高揚第一期の前期）を、「士族民権―豪農民権―農民民権という総体的認識を提起した時期」とし、同第二期＝一九六〇年代（筆者の叙述では戦後研究高揚第一期の後期）を、「国際的契機の再導入・民衆思想史の方法と成果を生みだした時期」と捉え、一九七〇年代を戦後研究の第三期＝「研究の展望の模索期」として、この課題に応える研究成果として同書を刊行したことである。このことについて付言すれば、いわば戦後自由民権運動研究の総括といえるものであって、ここで江村は、①士族民権↓②豪農民権↓③農民民権というシェーマとこれを修正した下山三郎の見解、すなわち、①・②を発展ではなく①を愛国社的潮流、②を在村的潮流と別個の併存する潮流として捉えた見方を深め、愛国社的潮流・都市民権派の潮流・在地民権結社の潮流と三潮流に整理し、その帰結として自由党の結成を展望したのである。第二は、六〇年代以降顕著になった民衆史研究の成果を自由民権研究に生かそうとしたこと、そして第三は、戦前の講座派的認識―戦後歴史学のオーソドックスな理解を継承・発展させようとしたこと、換言すれば自己の研究の立ち位置とあるべき研究の方向性を明確にしたことである。

一九九〇年代以降の研究は、前述した「新しい歴史学」の立場からの研究、すなわち、稲田雅洋『日本近代社会成立期の民衆運動』（筑摩書房、一九九〇年）・『自由民権の文化史』（筑摩書房、二〇〇〇年）・『自由民権運動の系譜』（吉川弘文館、二〇〇九年)、牧原憲夫『明治七年の大論争』(日本経済評論社、一九九〇年)・『客分と国民のあいだ』(吉川弘文館、一九九八年)・『民権と憲法』〈シリーズ日本近現代史②〉(岩波新書、二〇〇六年)・『文明国をめざして』〈日本の歴史13〉(小学館、二〇〇八年)、鶴巻孝雄『近代化と伝統的民衆世界』(東京大学出版会、一九九二年)、西川長夫『国民国家論の射程――あるいは〈国民〉という怪物について』(柏書房、一九九八年。増補版、二〇一二年)などの成果が大きく取り上げられ論じられた。創造的な研究への関心として当然のことである。しかし先に触れた戦後歴史学の視座・方法論を継承するもの、あるいは実証的なものなど、多様な研究成果があったことは認められなければならない。

近年においては、「新しい歴史学」の視座を加味した研究成果として、また実証的研究の成果として、新井勝紘編著『自由民権と近代社会』(吉川弘文館、二〇〇四年)、坂野潤治『明治デモクラシー』(岩波新書、二〇〇五年)、寺崎修『自由民権運動の研究――急進的自由民権運動家の軌跡』(慶應義塾大学法学研究会、二〇〇八年)、安在邦夫・田崎公司編著『自由民権の再発見』(日本経済評論社、二〇〇六年)、岩根承成『群馬事件の構造――上毛の自由民権運動』(上毛新聞社出版局、二〇〇四年)、秩父事件研究顕彰協議会編『秩父事件』(新日本出版社、二〇〇四年)などが公刊されている。また、大木基子『自由民権運動と女性』(ドメス出版、二〇〇三年）、真辺美佐『末広鉄腸研究』（梓出版社、二〇〇六年）、横澤清子『自由民権家・中島信行と岸田俊子――自由への闘い』（明石書店、二〇〇六年）など女性や自由民権運動家に関する研究成果も出された。さらに記せば、二〇〇九年、「幻の書」と言われていた大部な宇田友猪▼著『板垣退助君伝記』（公文豪校訂・安在邦夫解説、原書房）も刊行されている。ぜひ先に紹介した「文献情報」・「文献目録データベース」に直接目を通して多くの研究成果に触れてほしい。前掲『自由民権』に設けられている「民権ネットワーク」欄は、各地の研究動向・状況を伝える興味深いものである。

②『東京フォーラム』の開催　自由民権百年運動の精神を継承した活動としては、「自由民権一二〇年記念集会＝東京フォーラム」の開催がある。同集会は、自由民権資料研究会（第二回全国集会の折刊行した『自由民権運動研究文献目録』の編集に携わった人びとが、その後研究会の体裁をとり安在を代表に研究活動を継続。二〇一〇年四月より「自由民権研究会」と改称。代表新井勝紘）を中心に、高知市立自由民権記念館・町田市立自由民権資料館・新潟県自由民権の会・福島自由民権大学・喜多方歴史研究協議会・秩父事件研究顕彰協議会などが集まり全国自由民権研究連絡会（略称「みんけん連」）を結成し、早稲田大学自由民権研究所

▼宇田友猪《ともい》（一八六八－一九三〇）土佐藩出身。ジャーナリスト。記者を経て『高知実業新聞』『土陽新聞』主筆、後『新東北』主筆。

（二〇〇一年から〇五年の間に開設されたプロジェクト研究所。所長安在邦夫）と共催という形で、二〇〇五（平成一七）年一一月一二～一三日、早稲田大学国際会議場で開催された。

同集会は、自由民権百年運動時の全国集会に比べれば、規模の小さいものであったが、「百年運動」後の研究の現況を語り合う場として意義を有した。「ポスターセッション」は自由民権運動関係の諸行事としては前例のない全く新しい試みで、今後への展望を産んだ。また、「コンニャク版印刷」の実演には、初めて見るという興味もあり、参加者の大きな関心を集めた。シンポジウムの報告を中心にした、『自由民権をひらく』が、二〇〇六年一二月自由民権資料研究会より自主出版の形で刊行されている。

③市民研究会・学習会と顕彰運動

先に三春自由民権運動血縁の会・福島自由民権大学について触れたが、このところ市民の研究会・学習も盛んになり、自由民権家や関係事績を顕彰する動きが出てきている。たとえば二〇〇六（平成一八）年には神奈川県伊勢原市に、自由民権の息吹を学び受け継ぐ市民の学習機関、「特定非営利活動法人雨岳文庫を活用する会」（雨岳とは自由民権家山口左七郎▼の雅号）が誕生した。会発足の趣意書には、「明治の初頭には相州最大で最初の

▼**山口左七郎**（一八四九－一九一二）相模国出身。大住・淘綾《ゆるぎ》両郡初代郡長、後に湘南社社長。自由党員。衆議院議員。

自由民権結社『湘南社』の社長であった九代目当主山口左七郎は、神奈川県令、第一回帝国議会議長であり、自由党副総裁・海援隊の副隊長でもあった中島信行、および、その妻で、女性解放運動家の草分け的存在として、また、書家としても高名な中島俊子（旧姓、岸田俊子）と親交のあった故もあって、客間の襖や掛け軸に両人の遺墨も多数残っています」という一文が見える。

また二〇一〇年には福島県石川郡石川町に「石陽社顕彰会」（六月）、二本松市に「平島松尾▼顕彰会」（八月）が相次いで結成された。石陽社は福島県で最初に結成された結社として歴史的意義をもち、事業計画としては、一、民権家として重きをなした家屋の復元、二、自由民権運動史跡への案内柱の建設、三、会員学習会の開催、四、自由民権運動史跡地の清掃、などを挙げている。平島松尾は福島・喜多方事件に連座し、国事犯として禁獄六年に処せられた活動家であるが、『福島自由新聞』『福島民報』『福島民友』などの発刊に大きな功績を残した人物である。同会が事業として掲げているのは、一、「偲ぶ会」の開催、二、「生誕祭」の開催、三、「平島松尾忌」の執行、四、顕彰碑の建立、五、他の顕彰会との交流、などである。

市民の研究会として伝統を持ち、近年ますます隆盛となっているのが田中正造の事績・足尾鉱毒事件の研究に取り組んでいる「渡良瀬川研究会」（事務局群

▼**平島松尾**（一八五四（一八五五）－一九三九）二本松藩出身。民権家。自由党福島部創立委員、『福島自由新聞』発刊委員。出獄後は衆議院議員。

石陽社記念碑

馬県館林市）の活動である。同研究会は、巡回の形で毎年八月に「渡良瀬川鉱害シンポジウム」を開催しており、二〇一一年（第三九回）には栃木市で「栃木の自由民権運動、足尾銅山鉱毒事件から三・一一まで　田中正造に今、学ぶこと」をテーマに開かれた。注目したいことは、「田中正造大学」「谷中村の遺跡を守る会」「田中正造に学ぶ会（東京）」「北河辺『田中正造翁』を学ぶ会」など、シンポジウムを支える諸研究会の組織的な活動である。「田中正造大学」は事務局を田中の生家の近くにもち（佐野市小中）、春と秋の定期講座のほか、関係書の刊行・ニュースの発行など、精力的に活動している。また、市民の学習会としてその活動が注目されるのが、栃木市における「栃木女性史研究会・あいの会」、厚木市の「さがみ女性史研究会・さねさし」などである。前者は田中正造・足尾鉱毒事件関係の研究会や顕彰運動にも積極的に関わるとともに、『わたしたちが綴る栃木市の女性たち』（栃木市発行、二〇〇七年）などを上梓し、後者は、地元の自由民権運動の軌跡を学びつつ、『続・あつぎの女性——民権家子孫の聞き書きと女性史年表』（二〇〇九年）を発行している。研究・顕彰の両活動の統合という姿勢で独自の活動を続けているのが、秩父事件研究顕彰協議会である。同協議会は「東京勉強会」という学習組織をもち関係史料の解読などに努めている。

遠山茂樹は、「顕彰という運動の形態は、今日の第二期（自由民権運動研究高揚の第二期の意――引用者注〕の特色を象徴しています」と述べ、その意義を次のように記している。

顕彰は、支配者の政治宣伝にまどわされず真実を明らかにしてゆく研究の批判性＝客観性を保証し、民衆の立場から歴史を、いいかえれば根底から全体像を綜合的にとらえる立場を堅持してゆくという研究運動の姿勢を表明する言葉だと私は理解します。自由民権運動の進歩的な面だけを一面的に誇示するといった批判があるとすれば、おおよそ的はずれだといわざるをえません（前掲「第二の昂揚期を迎える研究運動」三頁）。

筆者は顕彰も掘り起こし運動も広く研究の範疇、研究の一環として考えている。研究も顕彰も手段であり、目標はあくまでも歴史の真実を知ること、真実を発見することである。関係者の生の声を伝える史料などは、そのような運動を通して初めて明らかにされる場合が多い。ただ、専門の研究者においては、歴史学の課題は、あれこれの人物や事象を個別的に取り上げて、それに主観的な想定を下すことではないこと。鍛えられた方法で捉えなおした歴史像を、たえず研究運動に投げ返し、またそこから学ぶこと、という指摘（大石嘉一郎「自由民権百年と研究者の課題」自由民権百年全国集会実行委員会会報『自由民権百年』第七号、一九八一年）に留意しておくことは重要であると思われる。

鶴巻孝雄は、「自由民権研究は、民権百年のころのような市民的基盤を失っている。市民も研究者も共通の基盤の上で、分かり合える友として民権を語ることができた時代は去った。いつまでも自己完結的、仲間内的世界で意味を確認していれば済むということではいられないというのが自由民権研究のおかれた現状なのではないだろうか」（前掲「自由民権運動をどう評価するか」一二二頁）、と述べている。「自由民権百年運動・記念集会」は、確かに国民の盛り上がりの上になされたもので、それを促したのはなによりも当該期の政治・社会状況であった。そのことに思いを致すと、単純に現在と比較して論ずることはできない。そのことも踏まえ、鶴巻の感懐にも耳を傾け、大石の前掲の指摘に留意し、そしてなによりも遠山の「顕彰運動認識」を学びつつ、市民的学習基盤を作っていくことが、今、自由民権運動史研究には求められているように思われる。

④演劇講演・映画製作　演劇や映画は、直接人びとに感動を与え、対象への関心を引き、認識を深めるものである。近年注目されるのが、演劇や映画の世界で、自由民権運動を題材とした作品が創られていることである。まず演劇である

が、一つは、劇団木山事務所が上演した「人形の夢ひとの夢」という作品である（二〇〇六年）。これは高知県の春野町に伝わる「西畑デコ芝居」を題材にしたもので、内容は、明治維新から二〇年を経ても、なお横暴な態度を執る警官を揶揄するというもので、いわば壮士の活動を伝えたものである。

もう一つは、流山児事務所の公演「オッペケペ」で、明治時代に自由民権と権力風刺を歌う壮士芝居で人気を呼んだ川上音二郎とその一座の活動がモチーフになっている。壮士芝居は、明治二〇年代、壮士が自由民権思想の普及のために始めた演劇で、角藤定憲▼らが大阪で上演したのが最初といわれ、川上音二郎の一座の活動を経て新派劇として現代に伝わっている。芝居では、大逆事件で刑死した奥宮健之が奥中欣治、幸徳秋水が行徳伝三郎の名で登場、川上を含め壮士全体が国権派になっていくなかで、そのような動きを批判しながら、壮士精神を守るという人物も設定したもので、六〇年の安保闘争に敗れ挫折感を抱く若者達の姿を重ねた合わせた迫力ある刺激的な作品であった。川上に関しては「恐れを知らぬ川上音二郎一座」（シアタークリエオープニング公演、二〇〇八年）という作品もある。

映画では、「草の乱」と「日本の青空」の製作が挙げられる。「草の乱」は「秩父事件一二〇周年記念」として製作された作品で（監督神山征二郎・主演緒形直

▼**角藤《すどう》定憲**（一八六七－一九〇七）岡山藩出身。新派俳優。自作小説を脚色し『耐忍之書生貞操佳人』などを上演。壮士演劇の鼻祖を名乗った。

人、二〇〇四年）、困民軍の会計長を務め、死刑判決を受けながら逃げ延び北海道で生命を全うした井上伝蔵▼を主人公に、秩父事件の全貌を描いた作品である。「草の乱」製作支援の呼びかけ文の中には、「事件一二〇周年記念作品として甦る『草の乱』」の見出しで書かれた次の一文がある。

一八八四（明治一七）年、埼玉県秩父郡で起きた農民らの武装蜂起は、時の政府を震撼させた。山間を揺るがした民の怒りは圧制への怒りであり、谷を吹き抜けた熱情は、自由と民権への熱情でした。政府は軍隊を派遣し徹底鎮圧。事件は「暴動」の名のもとに歴史の深部に封印しました。蜂起で発揮された民衆の楽天性や高揚したエネルギー、そしてより良い社会と未来をめざした志が、事件一二〇年を迎える二〇〇四年に本格劇映画として甦ります（映画「草の乱」製作委員会、製作案内チラシ）。

自由民権百年運動の際も、「秩父事件――絹と民権」「ショッキング・オ・ジャポン――ビゴー▼が見た明治の日本」が製作されたが（青銅プロダクション企画製作）、いずれもドキュメンタリー作品で、本格的な劇映画は初めてである。地元の人だけでなく歴史研究に関わる人もエキストラとして出演するなど話題となった。

▼**井上伝蔵**（一八五四－一九一八）武蔵国出身。丸井商店六代目。自由党員。困民党会計長。秩父事件で死刑宣告（欠席裁判）されるも北海道に逃げ延び、病没。

▼**ビゴー**（Georges Ferdinand Bigot）（一八六〇－一九二七）パリ出身。画家。諷刺雑誌『トバエ』刊行。日清戦争ではイギリスの画報紙『グラフィック』特派員。

「日本の青空」（大澤豊監督作品）は、日本国憲法制定の下敷きとなった「憲法草案要綱」の起草者鈴木安蔵を、いわば日本国憲法の間接的起草者と位置づけ、鈴木を主人公に、憲法研究会の活動を描いた作品である。先に触れた自由民権百年第一回全国集会第一分科会での報告「日本国憲法制定前後」（第一回報告集に収載）の様子を映像化したのが、まさにこの映画であるといえる。映画の鑑賞と「報告」の一読を併せると、理解も興味も深まるであろう。このほか、日本国憲法と自由民権運動との関係や、憲法制定過程を描いた作品に「太陽と月と」（監督・脚本　福原進、オフィスハル製作）もある。映像は、想像を膨らませる格好の素材である。

(2) 自由民権運動史研究の理論的問題と課題

①「戦後歴史学」をめぐる問題――「戦後歴史学」の点検・批判的継承

自由民権運動史の研究は如何なる視座から行なわれるべきであろうか。第3節の冒頭（一二八頁）で触れた大日方純夫の「〝旧い〟歴史学の『自由民権』像」を核とすることが有効であるという視座に、基本的に筆者は立っている。牧原の言葉に従って記せば「民権論派」の立場である。このことを前提としても、研究上の課題・留意すべき点は多々ある。箇条書き的に列記すれば、以下のようなことが挙げられる。

第一に、「戦後歴史学」がもつ自由民権運動認識の有効性や問題点について、理論的にも実証的にも再検討すること、そして自由民権運動史像を明確にしてその歴史的意義を日本近代史上に正当に位置づけること、この場合「新しい歴史学」からも吸収できるものは吸収し、柔軟にして広い視野からの自由民権運動史像を創ること。「戦後歴史学」をどのように捉え認識するかという問題は、歴史研究に関わる姿勢、歴史認識をめぐる問題に関連することとしてきわめて興味深いものがある。では「戦後歴史学」とは何か。あらためて記せば、二宮宏之の次の指摘は要を得た認識と考えてよいと思われる（前掲「戦後歴史学と社会史」一二五～一二六頁を要約）。

a　特徴的な思考のパターンは目的論的な歴史意識である。

b　普遍的な発展法則を方法論として認定している。

c　発展段階説と類型論が中心になっている。

d　社会構造分析においては、横軸として階級、縦軸として民族という概念を用いている。

e　構造としての対象認識が行なわれる。

歴史認識の一方法論としての「戦後歴史学」と自己の研究との関係について、

たとえば安丸良夫は次のように述べている。

民衆・コスモロジー・全体性と周縁性などをキーワードとする私の歴史研究は、もとより戦後歴史学「正統派」のものではないが、さりとて歴史学というディシプリンそのものを突き崩してしまおうとする「解体派」のものでもない。……歴史学を革新することで歴史学というディシプリンを頑固に守り抜こう、そのことにはいまも大きな知的な意味がある、と考えている（『文明化の経験——近代転換期の日本』岩波書店、二〇〇七年、四一四頁）。

「解体」ではなく「革新」することで歴史学のディシプリンを守るという安丸の指摘に私は深く共鳴する。自由民権運動に関する理解において、「戦後歴史学」の問題点と思われる点について記せば、戦後歴史学の理解では、運動の結末について「ブルジョア民主主義革命」の視点から、「解体」、「敗北」と認識される例が多いが、この理解にはいささか問題があるように思われる。すなわち、党や結社の解体はあっても運動全体が解体したとは受け止められない。また、運動には一定の成果も見られるので敗北という理解にも違和感がある。

第二に、自由民権運動を狭い「政治運動史」に止めず、諸思想の紹介・普及や政治文化・民衆文化の展開という多様な視点から研究を進めること、そしてその可能性、創造性に満ちた運動史像を明確にすること。また、「立憲制」に関しては、そこに語られている内容にまで立ち入り考察すること、広くアジア・ヨーロッパも視野に入れた研究を行なうこと、である。

自由民権運動の目指すところの中心が立憲政体の確立にあったことは言うまでもないが、この点に関し明確に論じたのが、先に触れた稲田雅洋である（前掲『自由民権運動の系譜』）。稲田はこの姿勢をさらに鮮明にし、ブルジョア民主主義革命論を批判しつつ、明治憲法制定・発布に関わる政治動向に関しては、「旧民権派」の名を付して自由民権家の活動を積極的に評価している（「明治憲法と旧民権派――一八八九年二月の『新愛知』の記事を中心に」『東海近代史研究』第三一号、二〇一〇年）。これは自由民権運動が日本における立憲制の成立に大きな役割を果たしたことを論証するものといってよいであろう。

しかし、自由民権運動を狭い憲法体制成立史として捉えると、論理としては明快になるがそれだけに「国民的規模への発展の展望を持った組織的な政治活動」（遠山茂樹「自由民権運動の学習の重点」歴史教育者協議会編『歴史地理教育』第二八四号〈一九七八年一一月〉、五頁）という運動の性格は浅薄になり、同運動が有していた底の深いさまざまな問題や可能性を見失うことになる。地方自治や条約改正要求問題、またそのような問題を提起させていた政治・社会的背景などにも留意する必要があると思われる。

自由民権運動は、「何よりも、思想変革に媒介された政治運動であること、とくに、はじめて民衆が国家形態の変革を課題とし政党を組織して運動を展開したところに、最大の特徴（幕末・明治初期の百姓一揆とちがった）がある」（大石嘉一郎「自由民権百年と研究者の課題」自由民権百年全国集会実行委員会会報『自由民権百年』第七号、一九八一年一一月一五日）と指摘されるように、「思想」の果たした役割は大きい。しかもそれは、西洋近代思想・社会主義思想・ナロードニキ思想・中国古典思想・国学思想など多岐多様である。さらに新聞・雑誌の発行や演説など、いわゆる政治文化の問題もある。稲田が自由民権運動史の叙述のキーワードとして取り上げた三つのうちの一つに「言論活動」があることにも、そのことはうかがい知ることができる。また、演歌・演劇・講談など、民衆文化が開花したことも自由民権運動史研究には欠かせない課題・問題である。

第三に、運動における主要な目標を、当時の政治・社会状況の変容過程と関連づけながら、その提起の仕方やあり様に関係させて構造的に検証・分析すること。たとえば、明治一四年の政変以後、民間における「私擬憲法案」の起草がきわめて少なくなったこと、政党の結成以後政府の弾圧は厳しくなり、正常な政党の発達が不可能になったことなどが留意・検討されなければならない。

第四に、いわゆる「激化事件」について、なにをもって自由民権期の「激化事件」と呼ぶか、憲法制定以前における「暴力」の問題の検討も含め、個々の事件のもつ個性を検証するとともに共通性や関連性を明確にすること。すなわち、各事件を個々に取り扱うのではなく、自由民権運動史のなかに時系的に整序して位置づけることである。

稲田は、前掲『自由民権運動の系譜』で、一部の自由党員が武力的な反政府的な運動を試みたことについて触れなかったことに関し「民権運動は、もともと士族反乱や新政反対一揆とは異なる次元から出発したのであり、そのDNAの中で、武力や暴力は優性なものではないのである。武力や暴力を過大に評価し、その観点から民権運動を見てしまうと、民権運動の流れを歴史的スパンの中で捉えることができなくなる」(一八四頁)と述べている。「激化事件研究」に関する新たな問題提起として、今後大いに議論される必要があろう。

第五に、自由民権運動のもつ「負」の側面も明らかにし、それを規定している歴史的条件を検証・検討することである。牧原憲夫の次の指摘は、この問題に関する一例である。

「民権と憲法」の問題を国内政治の面だけでとらえるわけにはいきません。経済的には近代産業の成立と同時に自作農の没落が進み、対外関係では台湾出兵、琉球王国の併合、蝦夷地・千島列島・小笠原諸島の領土化、カラフト・千島アイヌの強制移住などがあり、さらには、朝鮮に対する不平等条約の押しつけや軍隊の出動といった出来事が続きます。ところが、民権派の多くはこれらを本気で批判するどころか、むしろ支持する側にまわります。これは民権派がだらしないからか。いやここにも近代の特質が露呈していると考えたほうがいいのではないか(「なぜ明治の国家は天皇を必要としたか」岩波新書編集部編『日本の近現代史をどう見るか』岩波新書、二〇一〇年、三〇頁)。

牧原の指摘は、近代のもつ「負」の特質の形成に自由民権派も加担したことを述べているものであるが、近代国家・社会の秩序形成期に提起された自由・民権・人権などの価値とそれを希求した運動に関しては、歴史的な評価が与えられてよいと思われる。結果として出来上がった近代国家の「負」の側面を検証し、これを修正していくのが「現代」の課題であって、このプロセスを歴史的に捉えることは重要である。

②「新しい歴史学」の自由民権運動認識をめぐって

牧原憲夫の「国民国家論」に基づく自由民権運動認識は、まさに「新しい歴史学」の自由民権運動理解を象徴するものである。この牧原の見解を厳しく批判する書が刊行された。宮地正人▼の『通史の方法』（名著刊行会、二〇一〇年）がそれである。すなわち、同書で宮地は、「民権運動をどのように位置づけるか」と課題設定し（第二章）、「牧原民権論批判」（同章第一節）として真正面から牧原の自由民権運動認識を批判している。すなわち宮地は、牧原の議論・叙述に従えば、藩閥政府と自由民権運動家は共に民衆を抑圧するために近代化と国民化のために手を結んで闘ったということになること、福沢の『学問のすすめ』から「客分」なる受動的な言葉を引き出すだけで、ダイナミックな主体としての民衆は一向に登場してこないことを指摘する。ここでの議論の趣旨は、牧原の説く「国民国家論」で民権期を議論できるのかという点にあり、宮地はさらに、国民国家論者の歴史意識および歴史研究のあり方に関し、次のような見解を述べるのである。

まず前者については、「近代と近代性に対する強烈なアパシー、それに対比される伝統的な共同体社会、ゲマインシャフトへの憧憬、国家に統合されていくことへの激しい嫌悪感などが理論としての国民国家論（正しくは「国民国家批判論」と表現すべきなのだが）を論ずる人々の気分の中核にあり、牧原氏も忠実にそれ

▼宮地正人（一九四四-）東京大学名誉教授。主著に『幕末維新期の社会的政治史研究』（岩波書店、一九九九）。

を承けついでいる」（九〇頁）と述べ、後者に関しては、「歴史研究者は決して一般論で特殊歴史的なる対象を裁断してはならないし、図式で都合のいいものだけを切り取ってはならない」、「他の学問分野はいざしらず、歴史研究者は具体的な個物、具体的な運動の分析から内部に入りこみ、そこでの歴史的重圧下での少しの反抗の気配も、少しの人間性のあらわれも見のがさないよう職人として努めるべきである」（九一～九二頁）と説いているのである。いずれも重要な指摘である。自由民権に関する次の点にも留意しておきたい。

すなわち、第一は、「牧原氏が己れの方法論と確信する近代国家＝国民国家論を武器にあざやかに分析できる時代は、全く場違いな民権期ではなく、むしろ吉野作造等が活躍した一九一〇～二〇年代ではないだろうか」（一一二頁）、第二は、「どうして自由民権研究者達は牧原氏もふくめ、明治十年代だけで、自己完結的で起承転結的な論理をかくも性急に組みたてようとするのか」（一二〇頁）、「維新変革期と民権期は切断すべき二つの異質の時代としてではなく連続し不可分離の同質の一つの時代としてとらえた方が、あらゆる点において説明しやすいのである」（一二一～一二二頁）、という指摘である。

なお、宮地は、自由民権家と民衆のつながりの例を叙述し、自由民権運動の検討は維新変革と切り離してならないことを論じ（同章第二節）、さらに「付論　国民国家の論じ方によせて」において、「1．国民国家の構成要素」「2．どのような枠組みで論ずるべきか」「3．『国民国家批判論』の弱点」についてそれぞれ論じている。

ところで、「新しい歴史学」の自由民権運動認識をどのように受け止めるのか、という問題への対応が、戦後における自由民権運動研究第三期の一つの研究課題といえるが、その基本は、日本における「新しい歴史学」の理論的基盤をなしている理論、すなわち、啓蒙主義や歴史における発展の否定、あるいは歴史は一つの物語に過ぎないという弁証法的思考を欠くポストモダンの歴史認識をどのように認識し考えるか、という問題でもあるように思われる。

先に筆者はイーグルトンの認識について提示したが、ポストモダンの思考に関し、これを批判的に検討する最も有効な認識を提示しているのは、ホブズボームであると筆者は考えている。ホブズボームの著書は日本でも多数翻訳されているが、彼の歴史理論のエッセンスは前掲『歴史論』に収められている。同書より、ポストモダンや啓蒙思想、あるいは歴史学習に関して述べている重要な一文を例示すると以下の通りである。

ポストモダニズムが含意することとは、客観的存在を主張するすべての「事実」は単なる知的な構成にすぎないということ、つまり事実とフィクションの間に明確な相違はないということである。それは間違っている。相違はある。そして歴史家にとって、そして実証主義に最も激しく反対する歴史家にとってさえ、事実とフィクションを識別する能力は絶対になくてはならないものなのである。事実を創作することはできない（八頁）。

私たちが過去から学ばないとすれば、または私たちの目的に関連のあることを過去から学ぶ機会を逸したり、学ぼうとしなかったりするのであれば、私たちは最悪の場合には、精神に異常をきたしているのである。「指をやけどした子は、火から遠ざかる」という諺がある。人間が経験から学ぶのは当然のことである（三六頁）。

啓蒙思想は、地球上のどこにでも、人間が生きるのに適した社会を作りたいという希望の唯一のより所であり、個人としての人権を主張し、擁護するための唯一の根拠だったのである。いずれにせよ、一八世紀から二〇世紀初期にかけて生じた文明人らしい行為の進歩は、圧倒的に、いや全面的に、啓蒙思想の影響のもとに達成されたのである（三六五～三六六頁）。

ホブズボームの歴史理論は、決して「過去」のものではない。今後大いに発展させる必要がある。過去における歴史的事実は一つしかない。その時の政治状況や社会状況によって見方が容易に変わるような歴史理論は、歴史研究には無用であって、このことに関しては、戦後歴史学も、「新しい歴史学」も同じ問題点を有している。そのためにも、歴史を学ぶとは何か、歴史から学ぶとは何か、ということをしっかりと考えておかなければならない。

ノーマ・フィールド▼が「ポストモダン的な文化左翼は、階級概念を否定しつつ、ジェンダーやセクシュアリティ、人種を問題にしてきた。だから、例えば若い黒人男性の格好良さは都合良くくみ取るが、彼らの失業率や寿命の短さは見ない。でも、資本主義は黒人も女性も同性愛者も、ある側面で商品化しつつ搾取する。やはり、階級性の問題は大切なはず」（『毎日新聞』二〇〇九年四月六日夕刊）と述べている。ポストモダンの歴史認識については批判的に読み取ることが重要と思われる。

「新しい歴史学」は「伝統的な『パラダイム』に対する意図的な反動として書かれた歴史を意味する」（ピーター・バーク編、前掲『ニュー・ヒストリーの現在』八頁）とされる。とすれば、その「意図」まで汲み取り、これに対座し、検討していかなければならない。困難なことは、「新しい歴史学」には社会史、特にアナール学派の認識やポストモダンの思考がないまぜになっていることである。継

▼ノーマ・フィールド（Norma M. Field）（一九四七－）米国シカゴ大学教授。主著に大島かおり訳『天皇の逝く国で』（みすず書房、一九九四。増補版、二〇一一）。

承・発展させるものと、批判・克服していくものをどのように識別・腑わけしていくのか、歴史学とは何かという根本的な問題を考えつつ検討・検証していくことが、現在、切に望まれている。この点が大きな課題である。

おわりに

自由民権運動に関する見解は、現在のところ大きく以下の四つに分け得よう。

一　運動は「国民国家」の形成、すなわち民衆を「国民化」することを目指したもので、基本的に政府と変わらないものであったとする見解。民衆の能動的側面を捨象し、歴史を創造・発展させるという意味での運動の歴史的意義を評価しない。ポストモダンの影響を強く受けている。

二　運動の目標は「立憲制国家」の構築にあったとし、この点では歴史的意義を認める見解。新聞・雑誌の発行や演説活動など、運動過程で現れた政治文化に注目し高く評価する。しかしその半面、運動における民衆の役割に関しては懐疑的で、「激化事件」などは運動から逸脱するものと把握する。

三　憲法制定・国会開設・地租軽減・地方自治・条約改正などを主目標に、民衆を含む多様な国民諸階層が参加、「立憲制国家」(三権分立の統治機構と自由・民権・人権など近代的諸価値が憲法で保障された国家）の構築を目指して闘った政治・社会運動とする見解。「複合革命論」的な見方を採っている。

四　運動の本質を土地改革と見なし、ブルジョア民主主義革命運動として運動全体の歴史的意義を見る見解。自由党の結成・活動や激化諸事件を高く評価しつつ、運動は激化・解体・敗北したと理解する。ポストモダンの強く批判する「戦後歴史学」を最もよく体現している。

自由民権運動の歴史的評価に懐疑的な「一」の認識を含め、運動の歴史的意義の捉え方にいろいろな理解の仕方があることは否定すべきことではなく、多様な意見・見方があってこそ学問的進展も得られる。ちなみに筆者は、「三」の見解を採っている。右の分け方に関しては、分類そのものに異論も出されよう。

細事に関して記せば、たとえば「大同団結運動」については、自由党解党後の一運動としてではなく、自由民権運動全体を貫くものとしての「大同団結」という視座の提起（真辺美佐）、激化事件に関しては、自由党を主軸にその関連性のなかで時系的に地域に根ざして論証しようとする視座（高島千代）、また地域の青年（若者）に着目しての研究（河西英通・横山真一）など、近年意欲的で興味ある研究が見られる。また、川上音二郎への関心なども、広く自由民権運動史研究の視座からなされてよい課題である。

このような動きが見られるなかで、残念ながら、近年、社会学など隣接諸科学の隆盛や、学際的研究の名による領域を越えた学術研究の深化によって、歴史学はその固有の存在価値を失いつつあるように思われる。「歴史学の危機」が、ほかならぬ歴史研究者から発せられていることは憂うるべきことである。もちろん学際化は深められる必要がある。しかし、それは歴史学固有の学問的領域を不透明にしてよいというものではない。むしろ現在は、歴史学へ寄せられている期待は大きく、それだけに歴史学の果たす固有の役割について真剣に考えなければならない時期にある。

少なくとも、歴史学は、自由・民権・人権・民主主義・平和といった現在的課題から免れることはできない。歴史研究に取り組む人びとの姿勢は多様であり、個々人によって違いがあるため、「私の場合」としか言いようがないが、単なる歴史の説明者・解説者であってはならないという思いを、不遜ながら筆者は強く抱いている。別言すれば、研究者の社会的責任という問題である。われわれは学ぶことによって、人類史としての未来に光明を見出さなければならない。自由民権運動史の研究は優れて現代的課題を内包するものであり、それゆえに緊張感に溢れるものであるが、その研究・学習のなかに、前向きに生きる時代の個性、「青春の息吹き」や国民の生のエネルギーを看取することができる。このことだけは強く述べておきたい。

いま、日本の未来像の構築が求められるなかで

1　自由民権百年運動から三〇年を経て

第2章で触れたように、一九八〇年代、自由民権百年運動と呼ばれる研究・顕彰運動が全国的規模で行なわれ、一九八一年（神奈川）・一九八四年（東京）・一九八七年（高知）には全国集会が開かれた。これは国民の自由と諸権利を求めて明治藩閥政府に果敢に立ち向かった人びとの思想や運動の歴史的意義を、一〇〇年を経た時点で改めて考えようとしたもので、その担い手になったのは研究・教育に携わる人だけでなく、一般市民や学生、自由民権家の子孫など広範・多様であった。いずれの集会も盛況で、人びとの関心の高さがうかがえた。なぜなのか。

「自由民権運動と現代」を謳い文句に全国的規模で行なわれたこの研究運動は、すぐれてアクチュアルな課題を内包するものであった。具体的に記せば、ますます肥大化・強大化する国家意志、損なわれ破壊されていく民権や人権、軽視化が進む地方自治権等々、民主主義と平和という戦後出発の原点が見失われようとする政治社会状況の現出である。すなわち、悲惨な戦争体験を踏まえて獲得された人類の理想ともいうべき価値理念が次第に不透明にされていくなかで、国民は、第一に、民主主義の深化や平和の実現のために闘った豊饒な史実を地域・生活の場より掘り起こすこと、第二に、この運動の過程で弾圧され獄に繋がれ、果ては刑場の露と消えた人々などの事績・歴史的営為を検証・顕彰するとともに、暴徒・暴民の子孫という烙印を押され差別と迫害のなかを生きてきた遺族の復権を図ること、第三に、その現代的意義を確認し学び、いまに活かすこと、に思いを致したのである。

この自由民権百年運動の流れのなかで、福島県三春町に自由民権記念館（一九八三年、歴史民俗博物館と併設）、東京都町田市に自由民権資料館（一九八六年）、高知市に自由民権記念館（一九九〇年）が、関係資料の収集・保存・利用を目的に、それぞれ建設・開館され、研究のネットワークも作られた。自由民権の歴史を学ぶ市民大学も創立され（福島自由民権大学）、遺族の調査と交流、関係遺物の保管を図ることを目的とした民権家子孫による顕彰会の誕生もみた（三春地方自由民権血縁の会・高知自由民権子孫の会）。

自由民権運動研究に関する研究文献が年次ごとに整理され報告される態勢も整えられ（『自由民権』所収の「自由民権運動関係文献情報」）、また「自由民権運動研究文献目録データベース」も開設されるなど（国立歴史民俗博物館）、逐次新しい研究の状況を把握できるようになった。そして二〇〇五（平成一七）年には、その後に蓄積された研究や顕彰の歩みを省み、課題を検討し、自由民権というテーマを次代に伝えるためのシンポジウム「自由民権一二〇年東京フォーラム：自由民権研究・顕彰を問う」が、早稲田大学自由民権研究所と全国自由民権研究連絡会（略称「みんけん連」）の主催により、早稲田大学国際会議場で開かれた。さらに同年秋、早稲田大学史学会では、このフォーラムと連動させる形で、「いま、なぜ自由民権か」をテーマにシンポジウムを開催した。それはまことに時宜を得た企画であった。研究条件は確実に整えられ、研究論文や著書もその後多く世に出されている。しかし、このような状況があるにもかかわらず、百年運動以降三〇年の研究の歩みを冷厳に見るとき、自由民権運動史への関心は、必ずしも深まっているとはいえない。この要因は種々あると思われるが、看過しえないことは、研究の側にその状況を作り出す要因の一つがあるということである。いわゆる「新しい歴史学」と呼ばれる自由民権運動認識がそれである。

2 「新しい歴史学」の自由民権運動認識

「新しい歴史学」は、昨今では「現代歴史学」と一般に呼称される。この呼び名は、多分に「戦後歴史学」を意識して付せられたものと考えられるが、ここで見られる自由民権運動に関する認識は、明治政府との同一性・共通性に留意するというものである。これは、従来の「蓄積されてきた自由民権運動像」を大きく変えるものであり、運動の歴史的意義の過小評価へと導くものである。そして当然のことながら、結果として自由民権運動史研究の希薄化を不可避とする状況を醸成した。「現代歴史学」の理論の支柱を成しているのはポストモダン思想と思われるが、歴史理論としての同思想の有効性について、私は極めて懐疑的な見方を有しており、その理論構造の検討・検証を今後の課題の一つとしたいと考えている。

さしあたっては、たとえば、理性を土台とする啓蒙主義的な見方、すなわち科学と密接に結びついた伝統となっている見方に対する懐疑、伝統的なヒューマニズムや進歩の理念に対する懐疑、視角メディア（テレビ・映画・広告等）の発達、大量消費主義的繁栄の永続性への信頼、倫理・ライフスタイルの多様化に伴う中心的・社会的権威の弱体化、などを背景として生まれているという問題点の指摘（スチュアート・シム編『ポストモダニズムとは何か』杉野健太郎他訳、松柏社、二〇〇二年）に、留意しておきたい。それはまた、次のような現実認識とも連動している。

冷戦終焉後、歴史は大きな転換期を迎えて混沌とし、人々はその出口・方向性を見出せず喘いでいるかに見える。ソヴィエト連邦の崩壊は社会主義の消滅・資本主義の勝利＝アメリカ合衆国の勝利のように喧伝され、市場原理主義を基本とするアメリカ主導の新自由主義経済が世界を席捲してきた。そこでは、力の論理が吹き荒れ、弱肉強食の世界・論理が正当視される風潮が漲った。すなわち、強大な国家により弱小の国家の主権が容易に蹂躙・破壊される事態が生まれ、また、国家意志が優先され、国民の諸権利が抑圧・阻害される状況が横行してきたのである。特に問題視されるべきことは、力や力への依存の論理が、「自由と民主主義」の名のもとに説かれ、合理化されようとしたことであった。このこと自体まことに憂慮すべきことであるが、深刻なのは、社会の木鐸としてのメディアがその機能を喪失し、本来の使命を果たし得ず、権力に迎合・鼓舞する役割を担う状況にまで立ち至ったことであった。現在では、アメリカ合衆国の「一国支配」の論理が完全に破綻し、「資本主義の暴虐性」が改めて証明される事態に至っているが、この「現代資本主義の横暴」を、歴史理論として支えてきたのが、ほかならぬ「現代歴史学」であると指摘するのは言い過ぎであろうか。

啓蒙主義の否定を中核とし、客観性・普遍性に疑問を投げ、相対主義・文化主義的理解に重きを置き、諸事象を関連性のなかで把握・認識しようとする歴史認識は、混沌とした現代の時代性を、ある面で象徴的に示しているともいえる。さらに記せば、個人主義がもたらす物質的享楽や公共心の欠如に疑念を呈したトクヴィルの主張の一面が、ネオコンや保守派から再評価されたこととも連動しているようにも思われる。

3　歴史を逆行させないために

戦後の歩みのなかで現在ほど自由や民主主義について問いかけられている時はないのではあるまいか。その一つの例として、二〇〇三年に起きたイラク戦争があげられる。当初戦争正当化の論理とされた「大量破壊兵器所蔵への危機」は、いつのまにか「自由と民主主義」に置換され、さらにイラク民主化のモデルとしてアジア太平洋戦争後の日本占領が想起されていた。日本占領モデル論は、国民に幻想を持たせるためのブッシュ大統領（当時）のプロパガンダに過ぎないとの議論もあったが、その意図・事実認識がどうであれ、このような言論・報道が日本の歴史・戦後状況認識をミスリードしていく（民主主義を希求してきた運動の歴史と当時の民主化を求める国民の意識と情熱の存在を見失わせ、アメリカの民主化政策の成功を一方的に説く）点で、問題視しなければならない。また、民主主義を世界に拡大するためには軍事力を含む「力」の背景が不可欠とする認識にも疑義を提起したい。この認識ほど独善的で、力に依存した「勝手気まま」な自由・民主主義論はない。国家・権力のこのような論理が闊歩するなかで、留意すべきはこれを批判する状況が消滅しつつあること、そして歴史学も無力となりつつあることである。しかし、いまこそその状況を克服する時である。たとえば自由民権運動期、自由民権派壮士として活躍しのち実業家として活躍した井上敬次郎▼という人物は、一九三〇年代後半、「ルソーの自由民権説といふものは、極端に云へば、今の赤ですよ。僕などは本当に洗つてみると、赤の血が頭に横溢していた。併し現在では赤はいかん。ああいふ馬鹿なことでいかんと又一転して来ている」と述べている(「井上敬次郎氏談話速記」『憲政史編纂会旧蔵　政治談話速記録　第2巻』ゆまに書房、一九九八年)。井上の談話は、自由主義が危険思想として弾圧され戦争へと傾斜していったファシズム期の思想状況の一面を示すものである。こうした風潮が日本において再び見え始めている現在、次に指摘するように、きわめて重要な問題を投げかけているといえる。

その第一は、国家の論理が強く説かれ国民を支配した時代、近代市民社会形成の基底をなす自由民権の概念・理念の受容・獲得の問題は、どのように議論されていたのか、という点である。そして第二は、国民国家確立期における市民意識

▼**井上敬次郎**(一八六一－一九四七)熊本出身。民権家のち実業家。近事評論社時代たびたび弾圧され、特赦後は『関東新聞』などを創刊。また、熊本移民株式合資会社を設立。その後東京市の鉄道関係に挺身し、退職後は実業界にて活躍。

の成長の度合い、ナショナリズムの規定性・関係性の問題である。それは市民社会形成期の人々の運動のあり様にも及ぶ問題であると思われる。自由で活力ある社会の形成は、地位の平等や自発的な人々の結びつきを前提とした。しかしそこには大きな陥穽も共存した。近年、結社への関心が寄せられているのも（『結社の世界史　全五巻』山川出版社、二〇〇五〜〇六年、竹中幸史『フランス革命と結社』昭和堂、二〇〇五年）、主体意識形成に関わる問題の検証という意識が強くあるように思われる。

いずれにしても、創造的かつ建設的な議論が大いに期待される。重要なことは、歴史的事実を認識すること、そして未来に展望をもつ歴史像を構築することである。この場合留意しておくべきことは、現在もまた歴史の通過点にあるという歴史認識である。国家の論理が荒れ狂い、ナショナリズムの台頭が顕著となり、市民的諸権利が次第に後景に押しやられようとしている現在、われわれに投じられている課題は深刻で重い。

4　いま、日本の未来像の構築が求められるなかで

東京電力福島第一原子力発電所の事故は、文明とは何かについて改めて考えさ

せる契機となった。すなわち歩みきたる日本を振り返るとともに、進みゆく今後はどうあるべきかを真剣に問うことを不可避としたのである。現在の日本は、近代以降三度目の歴史的転換期に位置していると考えられている。確かに、政治的にはシステム疲労が進み、政治家の劣化は甚だしい。政治屋とそれに操られる人形的存在の者が多い。一〇〇年前に綴られた次の詩は、立派にいまに通じ、国民の共感を得るであろう。

（前略）此処に在る者は／民衆を代表せずして／私党を樹《た》て／人類の愛を思はずして／動物的利己を計り／公論の代りに／私語と怒号と罵声とを交換す。（後略）（「駄獣の群」与謝野晶子、一九一五年『定本　与謝野晶子全集』第一〇巻、講談社、一九八〇年、二八三頁）

経済の世界も暗澹たるものである。新自由主義に根ざしたアメリカ的経営方式の導入は経済を疲弊させ、雇用関係を冷酷なものにし、勤労者の心に大きな歪みを産んだ。そして結局は社会的弱者を多く輩出し、都市と地方の格差を拡大した。教育の世界においても市場原理が優先され、効率や規律が重視されて閉塞感が漲っている。あらゆる分野における基本的システムの改革が求められているのである。では、その基調とすべき方向性はどのようなものか。

近代日本における第一の転換期は、記すまでもなく明治維新期である。幕末の日本において、国内の政治・社会秩序と現実との矛盾および外圧という条件から、構造転換はいわば歴史の必然であった。そこで与えられた歴史的課題は、主権国家の建設とそれに相応しい内実を備えた諸秩序の創造、および国際社会への列座であった。第二の転換期は、アジア太平洋戦争での敗戦である。それは近代天皇制権力秩序の崩壊を意味し、諸分野の民主化と国民生活基盤の確立を課題とした。日本はそれぞれの課題に対し、どのように対応したのか。結論から記せば、第一の転換期の改革においては〝富国強兵〟のスローガンのもとで軍事機構の確立・軍事大国化が目指された。憲法における統帥権独立の規定はその表現であり、軍部という内閣に比肩する権力が造出され、国民を戦争へと導いた。第二の転換期の改革においては、諸分野における民主化と物質的豊かさの獲得を最大の課題とした。しかしいつしか前者は蔑ろにされ、経済的繁栄に重心を置くようになった。高度経済成長・所得倍増政策の遂行は一定の成功を産み国民は豊かさを享受した。しかし、それは一九七〇年代に早くも綻び始めただけでなく、その過程で公害など社会問題が起こり、拡大した。さらに冷戦構造崩壊後の国際秩序に充分な対応を為し得なかった日本は、前述のようにひたすら米国に追随する政策を採った。その結果が現況である。

以上の経緯を考えると、第三の転換期に求められる課題としては少なくとも次の三点があげられよう。

第一は戦後の枢用な課題とした民主主義について、その制度・思想にも言及してあらためて考え、深化を図ることである。「国政は、国民の厳粛な信託によるものであって、その権威は国民に由来し、その権力は国民の代表者がこれを行使し、その福利は国民がこれを享受する」とは、日本国憲法の前文にある文言である。現在、国民の厳粛な信託に応えられる代表者はどれだけいるであろうか。前掲の詩に表白された歎きを克服する作業は、国民自ら行なっていかなければならない。

第二は、広義で考えれば前者に包含されるが、人権問題を核に、国民の諸権利を保障するという意識を高め仕組みを構築することである。これはあらためて人間としての尊厳を取り戻すこと、人間らしい生活を取り戻すことでもある。「(生活は)戦争中より大変だ。……放射能は姿見えねえからセミの声も山も変わんね。変わったのは人だけ。畑も動物も、人間に捨てられたんだな。ただただ残念だ」(『朝日新聞』二〇一一年八月一七日)という原発被害者の声に、われわれは謙虚に耳をかたむけなければならない。

第三は、第一・第二の点を実現するため、価値観の転換を図ることである。すなわち、合理性や効率性、経済性や物質的豊かさのみを追い求めることから自らを解き放つことである。その遂行・実践に関しては困難な面もあると思われるが、国民の心の荒廃が増幅している現実を目の当たりにする時、これを果たしていかなければならない。過去を修正することはできないが、過去から教訓として学び、いまに活かすことは多い。自由民権運動史の研究は、この課題に応えるものである。

自由民権運動も歴史的所産である限り、現在の視点から見れば、思想的にも運動形態においても、一定の限界性・問題点を有することは記すまでもないことである。しかし、そのことをことさら強調しても意味はない。重要なことは、その歴史的位相を見極め、歴史的限界とされる原因を検証し、歴史的教訓として現在に活かすことである。

【付録1】 自由民権運動史研究関係史料・文献

歴史を学ぶ楽しみの一つは、史料を解読し新しい事実を発見したり、記録者の心の有り様などを知ることである。たとえば同じ人の書翰でも、上位の人・目上の人に出したものの文字は丁寧に書かれており、緊張感が溢れていることが読み取れる。一方乱雑なものからは、親しさの度合い、両者の関係などを推し量ることができる。またなによりも、書き手の個性が表現されていて面白い。有名な作家や学者でも、書き記した原稿に多くの推敲のあとがあることを知ると、執筆時の思考の過程に思いが至り、その時の苦しみや努力のあとを看取して親しみを覚えたりする。歴史へ関心を寄せると、有形・無形、文字・非文字にかかわらず、どんなものでも「考える素材」になるという思いになり、大切なものに見えてくる。古い本・鉛筆やペンのあとも生々しいノート・私的な世界を伝える記録（手紙・日記）、新聞・写真・絵画・映像・テープ、和紙に筆で書きとどめられた文字（古文書）は記すまでもなく、生活のための道具まで、みな然りである。

一般に、文字で書かれたものについては「史料」と書かれ、その他に関しては「資」の文字が使われる。また直筆のもの、書き記された時そのままのものは「原文書《げんもんじょ》」と呼ばれる。その時その人の姿を、時空を越えて直接伝えるから貴重なものである。しかし、原文書を解読するためには、万葉仮名・草書などに精通していなければならず、また文書の成立に関する当該期の政治・社会状況も理解しておかなければならない。

想像と創造力による豊かな歴史像の造形、緻密な分析による科学的な検証等々、歴史の研究はまことに広く奥深く「学際的」なものである。では、自由民権運動史を学び研究しようとする場合、手引きとなる関係文献（図書）・文書・史（資）料集にはどのようなものがあるのか。ここでは基本的なものについて紹介しておきたい。なお、研究者による著書すなわち研究図書等に関しては、その数が極めて膨大であること、本書第2章で関連の主要書に触れたことなどから割愛する。

1　自由民権運動期刊行図書

自由民権運動期には、運動に関するきわめて重要な図書が多数刊行されている。運動史を理解するためには不可欠と思われるが、その存在についてはあまり知られておらず、かつ調査するのもなかなか難しい。筆者の反省も含め、できるだけ触れる必要があると思われるので、まず最初に取り上げ、紹介しておくことにする。

ここで自由民権運動期としたのは、第一章の記述に従い、一八七四（明治七）年の「民撰議院設立建白書」の提出から、一八九二（明治二六）年初頭の「第四帝国議会」までである。これは極めて機械的な対象時期の設定であることは充分承知するが、本書全体での整合性をもたせた次第である。また、図書の選定に関しては、国立国会図書館所蔵のものに限定し、国立国会図書館整理部編『国立国会図書館所蔵明治期刊行図書目録』（全五巻＋書名索引、一九七一－七六年）記載の、歴史・地理、社会科学の分野のなかより関係書を選び、時系列に配列した。

当該期に刊行された図書は、当時の空気・息吹が直接伝わってきて興味深い。漢語表現や難解な漢字が使われていて読みにくさがあることは確かであるが、活字化されたものなので辞書を引けば分かるものである。主観的な記述など史料批判の姿勢をもつことも求められるが、これは原文書を読む場合にも必須のことである。史料として活用できる価値を充分もっているので、ぜひ一冊でも多く読むことを勧めたい。

なお、ここに収載した図書はすべてマイクロ化され、利用は原則としてマイクロフィッシュで行ないオリジナル史料を見ることはできない。『目録』には、書名・著者名・発行所・発行年月・形態・総頁数・マイクロフィッシュ請求番号などが記載されている。ここに収載するに当たっては、書名・著者名・発行所のみを記載した。現在一部はネットで見ることも可能になっていることを付記しておく。

一八七四（明治七）年

「民権大意」竹中邦香著、京都・大谷津逮堂

「自由譚」高田義甫著、伊藤桂洲書、協力社

「民撰議院集説」上・下巻、櫻井忠徳編、文宝堂

「民権夜話」初編、宇喜田小十郎著、博聞社

一八七五（明治八）年

「民権講義略解」菊池三渓（純）著、京都・文求堂

「民選議院論綱」山田俊蔵編、山城屋政吉刊

一八七七（明治一〇）年

「国政党派論」杉亨二記・刊

「民権問答」児島影二編、氷炭有花社

一八七八（明治一一）年

「民権弁解（仮名繋）」巻之一、中島嵩著、洗弊社

「通俗国権論」福沢諭吉著・刊

「通俗民権論」福沢諭吉著・刊

「民間の喩　演説集誌」巻之一、三、青木輔清編、同盟舎

一八七九（明治一二）年
「通俗日本民権真論」丹羽純一郎著、高橋源五郎刊
「経世偉藻明治奏議」鈴木貞次郎編、高山堂
「通俗日本民権精理」丹羽純一郎著、坂上半七刊
「生酔の目覚まし」清見須計次編、角松久次郎刊
「民権自由論」植木枝盛著、福岡・集文堂、民権田舎歌
「正義高潔改進党話」金沢銅吉編、三春堂
「民権振起演説一班」古屋宗作著、山中市兵衛等刊
「国会論」藤田茂吉・箕浦勝人編、報知社支店共同刊行丸屋善七
「民権一班浪津社談」内田勇吉著、中村清尭刊
「普通民権論」福本巴著、福岡・磊落堂
「通俗民権新論」上西昇平編・刊

一八八〇（明治一三）年
「通俗日本国会論」織田純一郎著、坂上半七刊
「民権手引草」渡辺禎一郎著、石川和助刊
「内外大家論説集」片岡綱紀編
「再ビ県内有志諸君ニ告クルノ書」北羽連合会、〈出版者不明〉
「国会論」肥塚龍著、福城駒太朗編、甘泉堂
「民権弁惑」外山正一著・刊
「国会ヲ開設スル允可ヲ上願スル書」出版者・明神安久等

「国会大意　一名、国会道知ルべ」土生柳平著、内野弥平治刊
「通俗国会新論」神村忠起編、田中正治郎刊
「国会論　続編」山岸文蔵編、甘泉堂
「通俗国会問答」神村忠起編・刊
「日本会議全書」森岡栄編、博聞社
「皇朝大家論説集」片岡綱紀編、山中市兵衛刊
「国安論」法貴発著・刊
「国会未可開論」沢真次郎編・刊
「通俗日本国会新論」忍峡稜威兄著、伏見常吾刊
「言論自由論」植木枝盛著、大阪・愛国社
「国会早合点（絵入）」松村春輔著、武田伝右エ門、文永堂
「通俗国会の主意　付、日本国会方法論」九岐晰著、思誠堂
「通俗国会の主意」九岐晰著、大阪・開成舎
「通俗愛国問答」神邑忠起編、大阪・同盟社
「国権奮起論」漆間真学・荒川高俊著、荒川高俊刊
「通俗国会元組立　一名、日本国会近道」中島勝義著、漸進堂
「愛国論編」三宅虎太編、東京出版社
「経世新論」杉田定一著・刊
「通俗愛国民権論」村井一英著、東京・弘令社
「通俗国会請願問答録」第一集、川島正三編、博文堂
「人民の義務（民権演説）」仲田豊太郎編・刊
「民権論編」三宅虎太編・評、東京出版

「愛国志林」第一－一〇編、植木枝盛編、愛国舎
「国会切望景況録」第一、二編、仲田豊太郎・三宅虎太編、東京出版、「日本国会纂論」付録
「大日本国会尚早論」円子虎五郎著・切田判治訂、博文社

一八八一（明治一四）年

「国会論之理由」江馬春熙著、学知軒
「国会手引草」鈴木舎定著・刊
「国会夢物語（滑稽）」小柳津柳窓（親雄）著、仙台・東北新報社
「板垣政法論」板垣退助述、植木枝盛記、五古周二編、自由楼
「通俗立憲政体弁」上篇、笹島吉太郎著、高瀬真之助閲、笹島吉太郎刊
「通俗明治民権の花」川島正三編・刊、付：板垣退助君言行略
「自由権理論」太田松次郎著・刊
「民権略説」藤本真弘著・刊
「日本民権振興史」長沼之人編、競錦書屋
「戎座大演説会傍聴筆記」古沢滋述・砂山藤三郎編、砂山藤三郎刊
「自由党盟約」自由党
「政治論綱」林包明著、矢野駿男閲、共興社
「公議輿論興国ノ規模」河原政庸編、古沢滋閲、大阪・宝文書屋
「国会之準備」丸山名政著、秩山堂、毎日新聞社
「諸大家筆戦録」初編、河合秉蓑編、秩山堂
「政治学術討論題集」西村玄道編、秩山堂
「明治振起編（纂評）」三宅虎太編、甘泉堂、付：自由党告訴顛末並政党団結状況
「板垣君意見要覧」木滝清類編・刊

一八八二（明治一五）年

「民権自由日本演説軌範」三宅虎太編、甘泉堂等、二版（初版：明治一四年一一月）
「当世言逆論　政体篇」清水卯三郎著・刊
「政論彙纂」第一巻、長谷川徳三郎編・福城楳洲閲
「民権各党大家論説集」粟田信太郎編・刊
「理想境事情　一名、社会党沿革」久松定弘編、進学舎
「政党論」一編、福田清之助著
「板垣君演説集並ニ板垣君刺客変報詳記」木滝清類編、甘泉堂、井冽堂
「官権民権両党演説筆記」秩山堂、績文舎
「時勢対話」並木鏡太郎編、信文堂
「政党組織論」林繁二郎編、白石町（宮城）・章栄堂
「政談討論百題」生島肇編、松井忠兵衛刊

「改進党員政談演説傍聴筆記」第二号、中島市平記、秩山堂
「自由党雪冤録」藤井麗輔編、含翠閣
「政論軌範：国権奮起」長谷川春編、同盟書房
「日本欧米政党実情」松井忠兵衛著・刊
「征韓民権論勇退雪冤録」遊佐発編
「日本国会史」三谷正之編、新橋書屋
「政党論」土居光華編、内田弥兵衛刊
「立憲改進党諸名士政談演説筆記」平沢寛柔編・刊
「民権官権政党盟約全書」吉田正太郎編、秩山堂
「内外政党事情」中村義三編、自由出版会社
「明治政要論」上巻、小田徳三郎編、以文会社
「沼間守一先生高談集」正・続編、岩井貫一郎・杉原謙編、岩崎好正刊
「日本政党事情」大久保常吉編、兎屋誠刊
「民権真論」武田覚三編・刊
「自由主義各党政談演説神髄」平井市造編、興文社
「政談演説集」鈴江和三郎編、柳原喜兵衛刊
「露国虚無党之由来」安東久治郎編、津山・東雲館
「国会之準備　一名、八年間ノ用意」丸山名政著、七陽堂・秩山堂〈増補改正2版〉
「国会の出所（東洋奇譚）」大賀義雄編、開成社
「結社演説政談方針」小笠原美治編、天賜堂、潜心堂

「政党穴探」町原重利編、山中市兵衛等刊
「立憲政体論（君民同治）」甲田良造著、貫名駿一刊
「明治演説評判記（自由改進漸進保守）」栗田信太郎著、変了閣
「愛国民権演説家百詠選」谷壮太郎編、歌川豊宣画、松林堂
「吾党之方針及政略」竹井駒郎著・刊
「欧米政党沿革史総論」藤田四郎著、自由出版

一八八三（明治一六）年
「愛国譚」第一編、島田守吾編、潮江村（高知）高知自由誌
「時勢論」田口卯吉（鼎軒）立案、大井通明記、経済雑誌社
「新説三政党穴探」第一編、小柳津柳窓著、笹川文治刊
「政事月報」第四・五、黒岩大編、政事月報社
「改進論」加藤政之助著・刊
「政党弊害論」シキマン著、千賀鶴太郎抄訳、丸屋善七刊
「日本議事攷」豊原又三郎著、大阪・龍章堂
「前代未聞政党膝栗毛　一名、改進党員一大閉口録」今井藤次郎編、松井忠兵衛刊
「自由改進両党大舌戦記」波木井勝三郎編、開成社
「政党」李抜（リーバー）著、中山寛六郎訳、博聞社
「新富座大演説要記（自由万歳偽党撲滅）」島田正穂編、鶴声社

「改進党弁妄録」菅谷荘七編・刊
「近頃両党壮士之舌戦（自由ハ放談改進ハ正義）」田辺熊八編・刊
「板垣退助君演舌」大阪・前野茂久次編・刊
「通俗国会亀鑑」勝岡静吉郎著、開成社
「見光主義自由燈　一名、卑屈の目ざまし」中野了随著、鶴鳴堂
「立憲改進党綱領六個条政談演説筆記」作本棟造編、嚶鳴社
「国友叢談」第一編、田中岩三郎編、末広重恭校、国友会
「通俗無上政法論」板垣退助立案、植木枝盛記、和田稲積編、絵入自由出版社
「独立政党論」第一、二、末広重恭述、万春堂
「二十三年未来記」柳窓外史（小柳津親雄）著、今古堂

一八八四（明治一七）年

「明治十六年各政党盛衰記――後藤陸奥二氏去就論」酒井忠誠著、思誠堂
「明治卓論新編」栗田素一編、杉山哲理閲、楽成舎
「政党退治（湯屋話）」科頭白眼子著、松琴堂
「一局議院論」植木枝盛著、（出版社不明）
「国会旅行道案内」相馬政徳著、淡月堂
「自由改進大家演説集」鵜飼嘉一郎編、富山仲吉刊

「日本人民の急務」新井旭著、岩崎平八刊
「国会議事堂建築論」箕輪勝編、開成社

一八八五（明治一八）年

「有形組織自由党の成行」内村義城編・刊
「板垣退助君高談集（東洋自由泰斗）」上編、斉藤和助編、共立支社
「東洋論策」小野梓著、東洋館
「日本議員必携」小泉久太郎編、長尾矢吉刊
「明治政覧」細川広世編・刊、

一八八六（明治一九）年

「政府大改革之顛末」上編、斎藤和太郎著、静岡大務新聞社
「明治二十三年国会之準備」遠藤愛蔵著、博文堂
「国会之準備」藤田一郎立案・刊（内容：設立大日本義会檄文、大日本義会会則草案）
「時事要論」大井憲太郎著、板倉中刊
「国会審論（通俗挿画）」浅野義文著、杉本甚介刊
「新日本」尾崎行雄著、集成社、博文堂
「二十三年国会未来記」服部誠一著、仙鶴堂、新古堂
「二十三年未来記」末広重恭著、博文堂

一八八七（明治二〇）年

「国会組織法」林正躬著、駸々堂
「三酔人経綸問答」中江兆民（篤介、南海仙漁）著、集成社
「国会組織論」（白哲人未夢想、二十三年準備参考）、出野誠造著、明治書房
「日本之輿論　一名、当世名士時事活論」内山正如編、博文館（なお、国友館からも同書名にて同年に刊行されている。また、翌年には、精文堂より刊行）
「平民のめさまし　一名、国会の心得」中江兆民著、文昌堂
「政海之新潮」竹越与三郎著、岡本英三郎刊
「日本人民」渡辺修二郎著・刊
「破窓之風琴（政哲論談）」凌耐居士著、〈出版者不明〉
「西哲夢物語」〈出版者不明〉
「政海激波国民之意見」浮浪居士（池田忠五郎）著、開成堂
「通俗経世偉勲」尾崎行雄著、松井従郎抄解、付：経世偉勲外篇、伯林列国会議
「新日本の青年及び新日本の政治」人見一太郎編、民友社
「政海の燈台」犬養毅著、集成社
「日本政治家意見集」岩井忠恕編、正文堂
「少壮政治家の狂奔」二宮熊次郎著、博文堂
「明治建白沿革史」戸田十畝著、顔玉堂
「志士処世論」尾崎行雄著、博文堂
「新日本政治社会之言論」山本長太郎（清海）編、大阪・興民社
「政治社会大家演説集」吉沢富太郎編、小林喜右衛門刊
「公議輿論政治の骨」飄々居士編、翰香堂
「壮士運動　社会の花」清水亮三編、翰香堂
「日本政治家意見集」嚴井中州編、栄泉堂
「未来政治家之覚悟（社会輿論）」大橋高三郎編、暁鐘館
「現今の政事社会」末広重恭著、博文堂
「月雪花（代議政談）」久松義典（狷堂）著、国華堂（前編）、金港堂（後編）
「万国国会組織要略」中松小翠編、〈出版者不明〉
「二十三年後未来記」末広政憲著、畜善館
「廿三年夢幻之鐘」内村秋風道人（義城）著、駸々堂

一八八八（明治二一）年

「壮士退去顛末録（国家保安）」石川慨世編、正文堂・春陽堂
「壮士之夢」山崎勇之助（竹外居士）著、石川伝吉刊
「現今壮士政事家の狼狽」咄々子（南雲源之助）著、伊藤誠之堂
「政海之余波」清水明著、薫志堂
「文明実地演説討論集」羽成恵造編、岡本書房
「禰子も釈子も政治の世の中　一名、国会の支度」岡三慶

著、顔玉堂
「大日本民権史（鮮血忠魂）」久永廉三著、上田屋
「将来の政事社会」赤松石堂（一太郎）著、駸々堂
「自由政治国民之演舌」岡三慶著、顔玉堂
「国会之燈籠（暁鐘一声）」久永廉三述、目賀田龍夫記、駸々堂
「日本将来の運命」内村義城著、赤松市太郎刊
「雷吼電閃爆裂弾　一名、政治家の目覚し」中野了随著、永昌堂
「政治社会実地演説」末広重恭等述、丸山平次郎記、南洋散士評、大阪・翔雲堂
「政治社会大家演説集」中村浅吉編
「日本人民之基礎　一名、二十三年国会之準備」岡田常三郎著、書籍行商社
「改進論」市島謙吉著、神林莞爾編、桜井産作刊
「輿論公議」吉田嘉六、集成社
「国民大会議（国会組織）」植木枝盛著、青木恒三郎刊
「国会準備不可不講」新野田要輔著・刊
「新日本の娘艶舌（政党紀念）」久永廉三著、駸々堂
「日本勅諭国会論（万国無比）」新井愧三郎著、鶴鳴堂
「国会論」中江兆民著、盛業館
「壮士之本分」梅田又次郎著、博文館
「大同団結（東北漫遊）」武藤嘉十郎著、付録：伯爵後藤象二郎君小伝、佐藤乙三郎刊
「通俗政治演説」坪谷善四郎著、博文館
「平民論」市島謙吉（春城）著、浜田清刊
「憂世慨言」野路静夫（好古道人）著、馬場村（兵庫）・積翠堂
「立憲王道論・立憲宰相論・立憲政治と人民」関直彦著、日報社
「二十三年前滑稽議員」滑稽道人編、岡安書舗

一八八九（明治二二）年

「非大同団結論」市島謙吉著、林鋳吉
「日本改進論」市島謙吉著、大鵬館
「日本国会紀原」細川広世著、博聞社
「立憲改進党綱領六個条政談演説筆記」宮下勝太郎編、嚶鳴社
「国会の道志るべ」山家源七編
「立憲改進党綱領六個条政談演説筆記」宮下勝太郎編、嚶鳴社
「日本公民論」柿原武熊著、有朋館
「国会議員選挙心得」石川藤次著、小林新兵衛刊
「撰挙論」〔増訂〕江口三省著、盛業館

「相馬時事管見　一名、選挙人心得」井土経重著・刊
「政友会大意」松村貞雄編・刊
「政党各論」三幣直和著、須原畏三堂
「平民の目さまし　第二巻、一名、衆議院議員選挙の心得」
　横山雅男（鉄研狂史）著、経済統計社
「大同団結之理由」末広重恭述、天野確郎記、串本庸三刊
「衆議院議員選挙要論」川島純幹著、敬業社
「自由東道」館野芳之介著、田中万吉刊
「秋田県由利郡河辺郡第三撰挙区ノ同志諸君ニ告クルノ書」
　野出鍋三郎編・著
「僧侶政権論」吉村真治編、津森村（熊本）・吉村真治刊
「国会準備政党団結」渡辺長次郎著、民主社
「会場秘訣議員弁論法」江島金太郎著、吉岡平助刊
「政談演説集」岡田重敏編・刊
「日本公民」三宅長策著、水野遵校、博聞社
「立憲改進党綱領撮要」水野豊編・刊
「国会の道志るべ（帝国憲法）」岡田常三郎編、書籍行商社
「衆議院論」野平穣著・刊
「二十三年国会後廼人民」今野権三郎著・刊
「新政談演説」鈴木久蔵編・刊
「政治小史　明治二十二年上半期」自治新誌社編、吉川良輔刊
「滑稽政治演説」西森武城（痩々亭骨皮道人）述、奇妙斎（耳
　野早蔵）記、上田屋
「国会議員品定」珂北仙史著、常総雑誌社支局
「二十三年候補者の夢」安西与四郎（逢水漁史）著、鶴鳴館
「壮士論」斎藤新一郎著、蝸牛堂
「自由略論」大井憲太郎著、大阪・鐘美堂

一八九〇（明治二三）年

「愛国公党論」渡辺長次郎著、大日本書籍行商社
「自由党史」佐治村（兵庫）・中島七右ェ門刊
「板垣南海翁之意見」板垣退助述、神戸・郷敏儒刊
「国会論之始末」山本正就編・刊
「新日本の政治」富田宗三郎著・刊
「政党論」中村信次郎著、高崎書房
「大日本衆議院議員選挙標準」戸田十畝著、吉岡平助刊
「撰挙論」斎藤麻之介著・刊
「通俗政治思想」小山愛治著・刊
「国会明鏡」加藤平四郎著、高山豪夫刊
「愛国論」（板垣伯立案）、出射吾三郎編、岡山・吉田書房
「板垣伯の意見」小河義郎編
「帝国議員選挙論」小林営智著、坂上半七刊
「近世諸名士政談演説集」石川正七編・刊
「国会第一期ノ政治意見」（「新演説」号外）、大成館

「衆議院議員候補論」高木守三郎著、由己社
「選挙権通俗問答　一名、選挙人目ざまし」宮崎才寿著、文華堂
「選挙人目ざまし」中江兆民著、金港堂
「国会議員撰定鏡」大野清太郎著、弘令社
「何をか政党と云ふ」末広重恭述、嵩山堂
「二十三年　一名、国会の大事」大内青巒述、三島春洞記・刊
「自由之光」岩田徳義著、岐阜・益友社
「公友会趣意書並規約」野尻岩治郎著、京都・浅見俊雄
「老若男女国会合点」洋々道人（岡安平九郎）著、岡安平九郎刊
「政治演説軌範」三好守雄編・刊
「時事問答　一名、民の目覚し」虚心居士著、渡辺元成刊
「国会ニ対スル勅諭及教書集」臨時帝国議会事務局
「告郷国父兄」佐伯剛平著・刊
「衆議院議員ニ関スル意見書」依田孝著・刊
「民声」平石村（栃木）吉沢貞蔵編
「愛国公党宣言」神戸・結城勘右衛門編・刊
「愛国公党宣言」小林樟雄著、大久保栄作編、岡山日報社
「有友正親君政治意見」御手洗忠孝記、石井村（愛媛）・有友正親刊

「議員撰挙之注意」東京・宇野寛撞著・刊
「石黒涵一郎君之演説筆記」光永偉八編、石井村（岡山）・塩見照義刊
「撰挙人後日之夢（悲憤慷慨）」久永廉三著、京都・自由館
「高田早苗氏の政治意見」高田早苗述、小久江武三郎編・刊
「士民新論（選挙指針）」烏有山人（山下銀四郎）述・刊
「東洋之新天地（優勝劣敗）一名、選挙ノ鏡」福田久松著・刊
「通俗選挙人心得　一名、国民必読」宮川四郎著、東京・政治学講習会
「弁妄」足立純一著・刊
「国会第一期ノ政治意見」島田三郎著・刊
「通俗国会演説」松井従夫著、博文館
「謹テ北越百七十万同胞諸君ニ告」田沢実入立案、浜田清刊
「鳥尾将軍演説筆記」渡辺鉄城記・刊
「憂世概言」中江兆民著、駸々堂
「帝国議院論策」林包明著・刊
「政談演説」自由散士著、上田屋
「謹んで広島県第九撰挙区有志諸氏に告ぐ」井上角五郎著・刊
「東洋之立憲政治（付：三大論策）」福田久松著
「多数選挙の弊　附：矯正策」本野一郎著、民友社

「大日本国会開院式一覧」鶴盛堂
「政党評判記」利光鶴松著、文昌堂
「日本政党公論」大井ゆき著・刊
「国会議員党派の争」岡田常三郎編、大日本書籍行商社
「帝国議会大祭之賑」牧金之助編、金寿堂
「帝国議会便覧」古田新六編、知新館
「空前絶後千載の一遇」山本谷平（象潟散士）編
「衆議院議員選挙人名簿式」東京府（明治二三年東京府訓令第7号別冊）
「議場の奇談（国会傍聴）」岡田常三郎編、大日本書籍行商社
「政党問答」大阪・島田伊兵衛著・刊
「国民必読国会一覧」鳴門堂
「貴衆両院傍聴者必携」平林三郎編・刊

一八九一（明治二四）年

「請願書」（「国風一定ニ関スル件」ほか7件を収録）森本藤吉著・刊
「政党ト政社ノ区別　附・仏国集会及結社法沿革」牧禄二郎編・刊
「板垣伯演説筆記」馬場秀次郎記、水代村（栃木）・落合貫一郎刊
「初期帝国議会」加藤孫治郎編・刊
「議員の電撃」水野正香著、天怒閣
「帝国議会代議士演説筆記」三好守雄編、銀花堂、学友館
「井上角五郎君帝国議会演説筆記」小山昌省編・刊
「大日本帝国議会　緒編」枇杷篋太郎（方外仙人）編、布勢村（富山）・顕脱館
「敢テ我党諸君ニ告グ」立憲自由党有志記、畑下熊野刊
「第一期衆議院議事提要」天野尭撫編・刊
「政党論」土居光華編、小林徳太郎刊
「自由党大家演説」公報社分局
「第一期国会議場に於ける運動の始末」松沢才馬刊
「帝国議会両院議事録」岡安平九郎編、議事録出版社
「明治二十三年第一期第一回衆議院に於ける顛末」新井毫述、新里村（群馬）・峯岸良輔
「近時政論考」陸羯南著、日本新聞社、付：近時憲法考
「第一期国会始末」議員集会所編、博文館
「信任投票の原理　国会解散の準備」尾崎行雄著、博文堂
「第二帝国議会ノ一大要件」末広重恭述、嵩山堂
「経国策」斎藤新一郎著・刊
「政党論」梶原保人著、東京・垣田純朗刊
「国会開設後之日本」阿川義一著・刊
「八雲倶楽部の主意書」佐々木佐吉郎編、松江・八雲倶楽部事務所

「第二期帝国議会指針」中沢安麓編、自助堂
「第二期議会傍聴録」富田新聞店
「富強策」大石正巳著、博文堂
「初期国会批評」第一・二号、福井孝治著・刊
「帝国議会要録　第一・二期」植木枝盛編、博文館

一八九二（明治二五）年

「輿論ノ法廷ニ訴フ」島田三郎述、臼井喜代松記、石巻・玉口真造刊
「失策又失策」末広重恭著、青木嵩山堂
「第二期帝国議会の小歴史」〔「自由」第二〇二号付録〕、田所昇馬編、自由社
「赤川氏之議会始末　付：各新聞批評」松永栄太郎編・刊
「帝国大家演説集」篠田正作編、偉業館
「民党議員演説叢」大矢篤太郎編、博文堂
「破壊党の内幕　附：大隈板垣両伯並十六羅漢の列伝」東京・神代栄寿著・刊
「熊本県下の同志諸君に告ぐ」山田武甫著・刊
「議会解散意見」井上角五郎述、秋田荘次郎記、忠愛社
「撰挙者諸君に告ぐ」出水弥太郎著・刊
「解散始末　付：選挙区民の心得」小篠清根編、博文堂

「国会議員撰挙の友」中村幸次郎編・刊
「選挙の注意」斎藤麻之介著・刊
「総選挙　付：解散始末」民友社
「第二期衆議院議事始末」中沢安麗編・刊
「国民党趣意書」沖寅次郎編、野市村（高知）・下田準太郎刊
「立憲政治国ノ人民」福田久松述・刊
「選挙必読」徳島・尾形千代蔵編
「民吏大相撲勝負如何」近藤寿太郎著、名古屋・秀文堂
「第二回帝国衆議院議事報告」田辺有栄著・刊
「第二回通常会議案経過録」衆議院事務局
「正義自由倶楽部宣言書」北郷村（栃木）・山藤仙之助著、
「自由の宝」松本寿之助編・刊
「選挙実録」民友社
「四民の目ざまし」中江兆民著、博文堂
「民吏両軍の関ケ原　一名、新議会及政府」中沢安麓編、杏雨堂
「選挙干渉民党大勝利」高橋友太郎編・刊、付：議場内外奇談蒐
「選挙干渉問題之顛末」寺島信之編、自由党党報局、〔自由党党報号外〕
「日本之二大政策」大石正巳著、青木嵩山堂
「吏民成敗論」野村庄之助著・刊

「代議士選挙機要」後藤玉城著・刊
「第三期議会」丸岡東治編、鳴皐舎
「第三期帝国議会見聞録」山口松五郎編、興文社
「国会の前途・治安小言・国会難局の由来・地租論」福沢諭吉立案、石川半次郎編・刊
「選挙参考ニ関スル参考書類目録」衆議院事務局、〔衆議院議事速記録付録〕
「第三回議会経過及結果」林武三著
「新議会之始末」小林徳治編・刊
「第三回帝国議会紀要」太田実編、永田松三刊
「第三議会に於ける丸山名政君の演説」浅山季造編、伊東定吉刊
「第三期議会」角利助著・刊、〔錦水叢書第三巻〕
「第三期帝国議会成績梗概」高瀬藤次郎著、神戸・神戸日報社
「政党論」森本確也（得堂）著・刊
「第三回帝国議会始末」矢嶋八郎著、矢嶋孫三郎刊

「排曲学論」酒井雄三郎著、民友社
「告三重県第四選挙区民諸君書」薗部鹿之助編・刊
「自由燈」塩田英太郎著、渡村（鳥取県）
「政談演説集」岩田徳義著、岐阜・益友社
「第三議会　一名、解散後の新国会」上野喜永次編、付：民吏両党一覧表、（出版社不明）
「日本今後の政党　一名国権党合同策」大阪・岡本正著・刊
「吾党之二大問題」竹井駒郎著・刊

一八九三（明治二六）年
「第四回帝国議会紀要」永田松三編・刊
「第四回帝国議会之経過」井上角五郎編・刊
「第四議会自由党運動史」自由社
「第四議会の経過」島田三郎著、〔毎日新聞・号外〈明治二六年四月一一日〉〕、毎日新聞社
「第四議会報告談話」角利助著・刊、〔錦水叢書第四巻〕
「第四期帝国議会始末」宮崎三之助編、東生書館

2　文献目録・基本史料

自由民権運動史に関する諸文献を、「(1) 研究文献目録」「(2) 主要原文書目録」「(3) 基本文献」「(4) 主要史料集（翻刻）」に分けて整理・記載した。なお、「(3) 基本文献」では、自由民権期（明治七〜二六年）以降の書物のなかで、特に重要と思われるものを記した。

(1) 研究文献目録

『自由民権関係文献目録』松尾章一他編、法政大学近代史研究会、一九五八年

『社会文庫　自由民権社会主義文献目録』柏書房、一九六六年

『自由民権関係文献目録――関東地方を中心として』日本図書協会、一九八一年

『自由民権運動研究文献目録』自由民権百年全国集会実行委員会編、三省堂、一九八四年

『自由民権運動最新研究文献目録』自由民権資料研究会編・刊、一九八七年

国立歴史民俗博物館ウェブサイト上の「自由民権運動研究文献目録データベース」（二〇〇二年開設）

町田市立自由民権資料館紀要『自由民権』記載の「自由民権運動研究文献情報」（第1号〈一九八七年三月〉以降毎号収録）

(2) 主要原文書目録

『憲政史編纂会収集文書目録』憲政史編纂委員会編、国立国会図書館憲政資料室蔵

※左院・元老院国憲案、明治憲法諸草案、外国人ノ憲法草案及答議・講義、私擬憲法、外国憲法並諸法律・訳、憲法関係著書、国会開設願望意見書、民選議院建

設意見書、議会議事録、政党・結社関係資料、建白及意見書、植木枝盛関係文書、諸家文書（書簡他）など。

「三島通庸関係文書目録」国立国会図書館憲政資料室編（同室所蔵文書）

「加波山事件関係資料（所蔵）目録」国立国会図書館憲政資料室編（同室所蔵文書）

「河野広中文書目録」国立国会図書館憲政資料室編（同室所蔵文書）

『杉田定一関係文書目録』大阪経済大学日本経済史研究所編・刊（大阪経済大学図書館所蔵文書）、二〇〇七年

『内藤魯一関係文書目録』知立市歴史民俗資料館編（知立市歴史民俗資料館所蔵文書）知立市教育委員会、一九九六年

「苅宿仲衛関係資料目録」誉田宏他解説「自由民権家苅宿仲衛関係資料について」（福島県歴史資料館委託文書・福島史学会編『福島史学研究』復刊第三二・三三号、第三八・三九号収蔵、一九八一年）

『小柳正弘家文書目録（小柳卯三郎関係文書）』立教大学図書館編・刊（立教大学図書館所蔵文書）、一九七三年

『三多摩関係史料集　第一　深沢家文書目録、同史料集、第二、同文書追加』東京経済大学図書館編・刊、一九七三年（深沢文書は、現在あきるの市市立図書館寄託）

(3) 基本文献

『自由東道』舘野芳之助著、田中氏蔵版、一八八九年（復刻、古河市史編纂委員会、一九八三年）

『加波山事件』野島幾太郎著、宮川書店、一九〇〇年（復刊、平凡社〈東洋文庫〉、一九六六年）

『東陲民権史』関戸覚藏著、養勇館、一九〇三年（復刻、明治文献、一九六六年）（復刻（影印版）、崙書房、一九七三年）

『自由党史』上・下、板垣退助監修、宇田友猪・和田三郎編、五車楼、一九一〇年（復刻、全四冊、青木文庫、一九五五年、遠山茂樹・佐藤誠朗校訂『自由党史』上・中・下、岩波文庫、一九五七年）

『明治民権史論』中野正剛著、有倫堂、一九一三年

『大日本政党史』若林清著、市町村雑誌社、一九一三年

『日本民権発達史』植原悦二郎著、全四冊、一九一六年

『日本政党発達史』斉藤熊蔵著、博愛館、一九一七年

『大日本憲政史』大津淳一郎著、全一〇巻、一九二七～二八年

『明治文化全集』憲政篇・政治篇・自由民権篇（正・続）・雑誌篇、明治文化研究会編、日本評論社、一九二八年

『民権自由党史』石川諒一著、民権自由党史出版局、一九二九年

『東洋社会党考』田中惣五郎著、一元社、一九三〇年（復刻、新泉社、一九七〇年）

『自由党大阪事件』石川諒一・玉水常治編、自由党大阪事件出版局、一九三三年（復刻版、長陵書林、一九八一年）

(4) 主要史料集（翻刻）

『明治史料』明治史料研究連絡会、一九五四年～

佐藤誠朗他編著　第1集、自由党員名簿：付自由党会員名簿立憲政党名簿

原口敬明編著　第2集、明治十三年国会開設元老院建白書集成

原口敬明編著　第3集、市町村制史稿、大森鐘一・一木徳郎共編

西田長寿編著　第4集、明治前期政党関係新聞紙経営史料集：定款、決算、株式名簿等

明治史料連絡会編　第5集、明治十一年四月地方官会議傍聴録

明治史料連絡会編　第6集、明治前期府県会議員名簿、上

明治史料連絡会編　第7集、明治前期府県会議員名簿、中

明治史用連絡会編　第9集、明治前期府県会議員名簿、下　山本四郎編

＊第8集は「三浦梧楼関係文書」

『東洋民権百家伝』（翻刻）小室信介編・林基校訂、岩波文庫、一九五七年

『東洋自由新聞』（復刻）西田長寿編、東京大学出版会、一九六四年

『明治前期の憲法構想』家永三郎・松永昌三・江村栄一編、福村出版、一九六七年（「増訂版」一九八五年、「新編」二〇〇五年）

『東雲新聞』（復刻、全五冊）部落解放研究所編、大阪市教育委員会、一九七五～一九七七年

『自由民権機密探偵史料集』井出孫六・我部政男・安在邦夫編、三一書房、一九八一年

『明治建白書集成』（全九巻）色川大吉・我部政男監修、筑摩書房、一九八六～二〇〇〇年

『自由新聞』（復刻、全五巻）信夫清三郎他編、三一書房、一九七二年

『自由燈』（復刻、全一四冊）不二出版、二〇〇六－〇七年

『朝野新聞』（復刻、全三八巻）ぺりかん社、一九八一－八四年

『郵便報知新聞』（復刻、全八二冊）柏書房、一九八九－九三年
『東京横浜毎日新聞』（復刻、第Ⅰ期、全四五巻）不二出版、一九八九－九三年
『北海道民権史料集』永井秀夫編、北海道大学図書刊行会、一九八六年
『秩父事件史料』小野文雄・江袋文男編、埼玉新聞出版部、全六巻、一九七〇－七九年
『秩父事件史料集成』全六巻、井上幸治・色川大吉・山田昭次編、二玄社
『埼玉自由民権運動史料』井上幸治他編、埼玉新聞社、一九八四年
『加波山事件関係資料集』稲葉誠太郎編、三一書房、一九七〇年
『三多摩自由民権運動史料集』上・下、色川大吉編、大和書房、一九七九年
『武相自由民権史料集』全六巻、町田市立自由民権資料館編、町田市教育委員会、二〇〇七年
『静岡県自由民権史料集』静岡県民権百年実行委員会編、三一書房、一九八四年
『内藤魯一自由民権運動資料集』長谷川昇監修・知立市歴史民俗資料館編、知立市教育委員会、二〇〇三年
『大阪事件関係史料集』上・下、松尾章一・松尾貞子編、日本経済評論社、一九八五年
『岡山自由民権運動史関係史料集』第1～第5集、小畑隆資・ひろたまさき他編、一九七九年～八四年
『山口県自由民権運動史料集』田村貞雄編、マツノ書店、一九八三年
『海南新誌・土陽雑誌・土陽新聞』家永三郎他解説・解題、弘隆社、一九八三年
『土佐自由民権資料集』外崎光廣編、高知市立文化振興事業団、一九八七年
『杉田定一関係文書史料集　第一巻』家近良樹・飯塚一幸編、大阪経済大学日本経済史研究所、二〇一〇年

【付録2】 自由民権記念館・資料館

(1) 福島県田村郡三春町　三春町自由民権記念館

三春町は古い歴史と多くの文化財を遺す城下町である。樹齢千年余という、根まわり一一メートルに及ぶ紅しだれ桜の巨木は、「三春滝桜」として知られ、国の天然記念物にも指定されている。まさに自然の造形した芸術品である。小高い苔むした三春城址（舞鶴城）から眼下に点在する桜の眺望も素晴らしい。その視界の一角に映るモダンな建物が三春町歴史民俗資料館である。自由民権記念館は、自由民権百年運動の一環として一九八三（昭和五三）年四月、この資料館に併設される形でオープンした。

三春が西の土佐と比肩されるほど自由民権運動の盛んであったことはよく知られている。西南戦争の最中の一八七七（明治一〇）年および七九年の両度、河野広中は高知を訪れ、その後高知の西原清東らが三春の学塾正道館で教師を務めるなど、運動初期より両地域の交流は密であった。そして三春は、福島県のみならず東北における自由民権運動の一大拠点となった。記念館は、「三春町の誇る河野広中をはじめ多くの民権家の偉大な業績を顕彰し、その精神を後世に継承する」（同館リーフレット）ことを目的とし、常設展示室には、河野をはじめ福島・喜多方事件、加波山事件に連座した三春町出身の自由民権家の書簡・揮毫・写真・肖像画・レリーフ・遺品等が展示されている。三春地域を中心にした自由民権運動関係資料の収集・整理・

展示などを日常の主要な業務とし、二〇〇八（平成二〇）年には、『福島民権家列伝』など福島自由民権運動の研究者として著名な高橋哲夫氏（同年一月没）より寄贈された同氏所蔵の貴重な史料展を、「特別展　高橋哲夫先生寄贈資料展――自由民権運動研究に生涯を捧ぐ」と題して開催した。

三春の自由民権記念館は、わが国で初めて「自由民権」の語を冠して建てられた記念館として大きな意義を有し、同館の会議室では福島自由民権大学（一九九二年開校の市民大学）の春季講座が毎年開かれている。

記念館の入り口は公園として整備され、「自由民権発祥の地」と題された記念碑（除幕式二〇〇六年四月一四日）と、「河野広中銅像」がある。街の中央、河野の菩提寺・紫雲寺に近い通りは「民権街道」と命名され、道筋には三春地方自由民権運動血縁の会によって建立された「自由の魁」の文字が刻まれた加波山事件顕彰碑がある。まさに、自由民権の雰囲気を今に伝える一空間である。

福島県田村郡三春町字桜谷5
TEL 0247-62-5263

(2) 東京都町田市　町田市立自由民権資料館

市制発足（一九五八年）当時約六万人余であった町田市の人口は、その後京浜工業地帯のベッドタウンとして急速に発展し、現在（二〇一二〈平成二三〉年）では四三万人近くに増加、近郊農村地帯の町から住宅都市へと、大きく変貌した。市では、緑の環境と歴史的遺跡（物）を保存するための施策の一つとして、全国でも珍しい名の「民権の森史跡公園」の整備を行ない、一九八六（昭和六一）年一一月、公園の一角に「町田市立自由民権資料館」が建設された。

町田地区（旧三多摩）は関東における自由民権運動の拠点となった地域で、上層富裕農商民がリーダーとして活動した。その運動の中心を担ったのが石坂昌孝、村野常右衛門らで、学習結社責善会（一八七八年）、政治結社融貫社（一八八一年）など結社活動も盛んであった。また、一八八二（明治一五）年最初の全国政党自由党が創設されると、多くの活動家が同党に入党、活躍した。そのようななか、村野は、一八八三（明治一六）年、文武道場「凌霜館」を開設し、周辺の青年子弟を集めて指導した。この「凌霜館」のあった縁の地が、村野家のご子孫から市に寄贈され、同地に建てられたのが自由民権資料館である。自由民権運動家の資産・活動と深く繋がっているということも、資料館の特色の一つとなっている。

開館当初の広さは一五一平方メートルであったが、やがて手狭となり、開館一〇年目の一九九六（平成八）年、増築リニューアル・オープンした。リニューアルに際しても、かわらぶき・白壁の土蔵造りという建設当時の形状の特色は継承されており、静かで落ち着きのある雰囲気を漂わせている。留意しておきたいことは、館の欧文表記が「JIYU MINKEN INSTITUTE OF MACHIDA CITY」となっているように、研究活動も併せもつことを明記していることで、同館は、資料の収集・整理・公開などの業務のほか、公立・専門の資料館として地域に根差した文化活動を精力的に行なうとともに、研究の面においても精力を注いでいる。学界で大きな論点となっているような問題に関するシンポジウムなどを積極的に行なうとともに、紀要『自由民権』を刊行している。同紀要は、当該年度の自由民権関係の研究成果（「自由民権運動関係文献情報」）が掲載されていること、各地の研究動向を伝える「民権ネットワーク」欄が設けられていることなど、自由民権運動に関する情報誌としても重要な役割を果たしている。常設展示のほか、毎年時宜を得た企画展を開催し、同展に伴う講演会も行なっている。また、ブックレットの刊行など出版にも意を注ぎ、二〇〇七（平成一九）年には大部な『武相自由民権史料集』（全六巻）を編集・刊行し、地域の研究に大きな功績を残している。

東京都町田市野津田町897
TEL 024-734-4508

(3) 高知県高知市　高知市立自由民権記念館

高知は誰しもが知る自由民権運動のメッカである。高知市立自由民権記念館のリーフレットには、「近代」を拓いた高知の先人たちへの誇り、および館建設の意図・使命・抱負が次のように記されている。

「自由は土佐の山間より」と言われるように、近代日本の歴史には土佐の自由民権運動は大きな役割をはたしました。この日本最初の民主主義運動における経験は、私たち高知市民の誇りとなっています。高知市は市制一〇〇周年を記念するにあたり新たな一〇〇年へのシンボル施設として、自由民権運動を中心に土佐の近代に関する資料を広く収集・保管・展示して、次の世代へひきついでいくために自由民権記念館を建設しました。自由民権記念館は自由民権運動と土佐の近代史から学び、その意義を現代及び未来にいかすための歴史博物館です（後略）。

展示室2室のほかにホール・映像展示室・図書室等々を備えた高知市立自由民権記念館が建設・開館したのは、一九九〇（平成二）年四月である。

記念館には、弘瀬家資料（福島県三春の正道館に教師として招かれた弘瀬重正関係資料）、片岡家資料（自由民権運動の最高指導者の一人、立志社社長片岡健吉関係資料）、徳弘家資料（板垣退助の姪、三吉と結婚し板垣の側近として活動した徳弘馬域郎関係資料）といった自由民権運動を担った関係者の資料のほか、松永文庫（中江兆民研究の第一人者松永昌三氏所蔵の文献・資料）・外崎文庫（植木枝盛を主とする土佐自由民権運動研究の大家故外崎光廣氏所蔵の文献・資料）など、研究者の所蔵していた貴重な文献・資料も保管・収蔵されている。館の活動は、関係資料の収集・整理・保存・公開、館報『自由のともしび』や紀要・資料目録の発行、企画展・

シンポジウムや講演会の開催など、多彩・多様である。二〇一一(平成二三)年には、自由民権運動を代表する思想家植木枝盛旧邸取り壊しに際し、書斎の部分の移設に奔走しこれを実現、記念の企画展を開いている。同書斎の移設は、記念館に「自由民権運動の歴史の中で憲法のことを考えるコーナーができた」(松岡僖一館長談)という大きな意義を有している。注目されるのは、同館を支える市民の組織、高知市立自由民権記念館「友の会」の存在で、友の会は史跡探訪などを企画・実践し、また機関誌『民権の炎』を発行するなど、館と市民とを架橋する役割を果たしている。

一八八七(明治二〇)年、租税の軽減・言論集会の自由・外交の是正を求める三大事件建白運動が世を席捲したが、この運動を牽引したのも高知である。この時高知のひとびとは、「生きて奴隷の民たらんよりは、死て自由の鬼たらんは、某等の志望」と言い放って運動に身を投じた。この精神と心意気、その熱き思いは、現在の館活動にも漲っている。

高知市桟橋４丁目14－3
TEL 088-831-3336

【付録3】自由民権運動関連年表

西暦（和暦）	民権側	政府側	その他
一八七四（明治7）	1・12 愛国公党結成 1・17 「民撰議院設立建白書」提出 4・10 土佐・立志社設立（板垣退助） 9 阿波・自助社設立（小室信夫）		2・1 佐賀の乱（江藤新平）
一八七五（明治8）	2・22 愛国社創立大会 7・7 地方官会議傍聴の有志、地方民会案の討議・促進を元老院に建白 10・27 板垣、参議再辞任	1〜2 大阪会議 3 木戸と板垣、参議に復帰 4・14 「漸次立憲政体樹立」の詔勅 6・20 第1回地方官会議 6・28 讒謗律・新聞紙条例公布 7・5 元老院開院	
一八七六（明治9）	11〜12 茨城県、東海地方で地租改正反対の大一揆	3・28 廃刀令公布	10 熊本神風連の乱、秋月の乱、萩の乱
一八七七（明治10）	6・9 立志社、国会開設の建白 10 立志社の獄		2〜9 西南戦争
一八七八（明治11）	4 立志社社員各地に遊説 8・5 土佐国州会設置 8・23 竹橋事件 9・11 愛国社再興大会（再興合議書10・1）	7・22 三新法（群区町村編制法・地方税規則・府県会規則）公布	5・14 大久保利通暗殺

一八七九（明治12）	3・27 愛国社第2回大会 7・24 桜井静（千葉）『国会開設懇請協議案』を朝野新聞に発表 11・7 愛国社第3回大会	4・4 沖縄県設置 8 教学聖旨 12～ 各参議ら、立憲政体に関する意見書を提出	
一八八〇（明治13）	2・22 府県会議員、東京で国会開設問題を討議 3・17 愛国社第4回大会参加者、大会名を国会期成同盟と改称 4・17 国会期成同盟「国会開設願望書」を提出 11・10 国会期成同盟第2回大会 12・15 沼間守一ら「自由党結成盟約」	4・5 集会条例公布 7・17 刑法・治罪法公布（実施一八八二年）	
一八八一（明治14）	3・18 『東洋自由新聞』発刊 6 秋田事件 10・1 国会期成同盟第3回大会 10・29 自由党結党（総理板垣退助） 11・20 立憲政党結党	3 大隈重信、立憲政体に関する建議 10・12 大隈罷免・国会開設の勅諭（明治14年の政変）	
一八八二（明治15）	2・1 『日本立憲政党新聞』発刊 3・12 九州改進党結党 4・6 板垣、岐阜で遭難 4・16 立憲改進党結党（総理大隈重信） 5・4 酒屋会議 6・25 『自由新聞』発刊 11・11 板垣・後藤象二郎、欧州へ出発 11・28 福島・喜多方事件	1・4 軍人勅諭発布 3・14 伊藤博文ら、憲法調査のため欧州へ出発 3・18 立憲帝政党結党（福地源一郎） 6・3 集会条例改正 7・23 戒厳令制定 11・24 「軍備拡張・地租増徴」の詔勅 12・12 請願規則公布 12・28 府県会議員の連合・往復通信の禁止	8・5 朝鮮、壬午の軍乱

一八八三（明治16）	3・15 立憲政党解党 3・20 高田事件 4・23 自由党大会、立憲改進党攻撃を決議 6・22 板垣・後藤、帰国	4・16 新聞紙条例改正 8・3 伊藤博文ら、帰国 12・28 徴兵令改正	
一八八四（明治17）	3・13 自由党大会、文武館設立などを決議 5・13 群馬事件 9・23 加波山事件 10・29 自由党解党 10・31 秩父事件 12・3 飯田事件 12・14 名古屋事件 12・17 立憲改進党、総理大隈ら脱党	3・15 地租条例公布（税率の固定） 3・17 宮中に制度取調局設置 5・7 戸長公選制廃止 7・7 華族令制定 12・4 朝鮮、甲申事変 12・27 火薬取締規則・爆発物取締規則	
一八八五（明治18）	5・8 九州改進党解党 11・23 大阪事件	9・24 違警罪即決例公布 12・22 内閣制度創設、第1次伊藤博文内閣成立	
一八八六（明治19）	6・12 静岡県事件 10・24 旧自民党員ら東京で全国有志大懇親会	5・1 井上馨外相、第1回条約改正会議	
一八八七（明治20）	5・15 旧自由党員ら大阪で全国有志大懇親会 後藤象二郎、丁亥倶楽部を組織 10・3 高知県代表「三大事件建白書」元老院に提出 11・15 旧自由党員ら東京で有志大懇親会 12・15 「三大事件建白書」の処理を求める建白書提出	5・9 大隈・後藤に伯爵位を授与 7・15 板垣に伯爵位を授与 7・29 条約改正会議を無期延期 12・26 保安条例により、民権運動家多数を東京より放逐	

一八八八（明治21）	1・7 在米民権家ら日本人愛国有志同盟結成 後藤、『政論』発刊 6・1 後藤、東北地方および東海地方（12 7～8 月～89年1月）大遊説 10・14 大阪で大同団結大懇親会	2・1 大隈、外相に就任 4・25 市制・町村制公布 4・30 枢密院開設 6・18 枢密院、憲法草案を審議 9・17 枢密院、議院法を審議	
一八八九（明治22）	4・30 大同団結派、大同倶楽部と大同協和会に分裂	2・11 大日本帝国憲法発布 3・22 後藤、逓相に就任	
一八九〇（明治23）	1・21 大同協和会、自由党を結成 5・5 愛国公党結成（板垣退助） 5・15 自由党・愛国公党・大同倶楽部、庚寅倶楽部を結成 9・15 立憲自由党結党	5・17 府県制・郡制公布 7・1 第1回衆議院議員選挙（民党174人、吏党その他126人） 10・30 教育勅語発布 11・25 第1回帝国議会開院	
一八九一（明治24）	2・24 林有造、植木枝盛ら29名、立憲自由党脱党、政府予算を支持 3・19 立憲自由党、自由党と改称（総理板垣退助） 10・15 自由党大会党則を改正、代議士の優位を確立 11・8 大隈、板垣と会見。自由・改進両党連合の機運高揚（このため大隈枢密顧問官免官） 12・25 衆議院、民党主張の予算大削減案可決 12・28 大隈、再び立憲改進党入党、代議士総会長に就任	4・9 山県内閣総辞職 5・6 第1次松方内閣 11・21 第2帝国議会開院（12・25解散） 12・22 樺山資紀海相「蛮勇演説」	

一八九二（明治25）	5・14 衆議院、選挙干渉問責決議案可決 11・6 大井憲太郎ら東洋自由党を結成	1・28 予戒令公布 2・9 内務省、自由・改進両党連合の候補者推薦は、集会および政社法違反と告発 2・15 第2回総選挙、政府大干渉（死者25人、負傷者388人） 3・11 内相品川弥二郎、選挙大干渉で引責辞職 5・2 第3帝国議会開院 7・30 松方内閣総辞職 8・8 第2次伊藤内閣 11・25 第4帝国議会開院	
一八九三（明治26）	2・7 衆議院、内閣弾劾上奏案可決 2・22 衆議院、予算案修正可決	2・10 和衷協同の詔勅 4・14 集会および政社法改正（政社間の連結・通信、支社設置禁止規定の削除）	

あとがき

自由民権運動史に関心を寄せ、勉強の真似事らしきことを始めてから、かなりの歳月が経つ。しかし、成果と呼べるような研究は何ひとつ出し得ず、ただただ無為に過ごしてきたという思いを免れない。実に恥ずかしい次第である。自分ひとりのことを考えるだけでよいのならそれも許されるのであろうが、教壇に立つ身であったことに思いを致すとき（二〇一〇年三月定年退職）、学問的な面で何ひとつ責めを果たし得なかったということに、強い心の痛みを覚える。数多くある自責の念のなかでも、今もって特に消えることのないことは、自由民権運動史に関心をもちこれから学びたいと考えている人から、入門書や研究史に関する書、あるいは主要研究書の所在などを尋ねられたとき、まがりなりにも自分の研究領域としてきた分野であるにも関わらず、即座に充分な応答ができないできたことであった。

そのようなときほど自分の不勉強・無能さを痛感したことはなかったが、同時に、前述のような問い合わせに、最少のことは応え得るコンパクトな書が一冊欲しいとの念を、強く抱いていた。しかし、特に理論面で知識を欠く私にはその任を果たす力量がなく、希望に叶う書の刊行はシャープで鋭利な才を有する方にぜひ、との期待・希望を内心有していた。そのような思念は、「新しい歴史学」の隆盛にともない従来の自由民権運動像が大きく揺らぎ始めるなか、ますます強くなった。が、皮肉にもその状況は、私の期待を遠のかせているというパラドックスをうんでいるようにも思われた。そのために、私のようなきわめてオーソドックスな方法・姿勢で研究に向かう者にはまことに不適任と思いつつも、自由民権運動史に関する学習・研究の手引書ともいうべき書の刊行という作業を、定年後の最初の課題として取り組んでみる気持ちとなった。まず自らが学習のスタートラインに立ったとの思いに立ち、内容の構成について自らに問う形で考えてみることにした。

そこで浮かんだのが、第一に、自由民権運動はどのような運動史をもっているのか、第二に、研究への関心はどのように持たれてきたのか、どのような問題意識・視点から研究され現在に至っているか、第三に、当該期に刊行された運動に関わる書にはどのようなものがあるのか、また研究する上での主要な文書、基本的文献や主要研究書にどのようなものがあるのか、さらには自由民権運動に関する資料館・記念館の類はどこにあるか、という点であった。そしてこの三点について、前二者に関しては章の形で、最後の点については付録という形で構成してみることにした。

まず第1章は、自由民権運動史概観とし、かつて『ブリタニカ国際大百科事典』〈第三版〉（一九九五年）に執筆した論考を基本に、現在の見解を加味・修正して叙すことにした。第2章は、福島・喜多方事件一二五周年記念で行なった講演記録「自由民権運動研究の歩みと現在、そして課題」（喜多方歴史研究協議会・福島自由民権大学共編『喜多方事件一二五周年記念集会報告書』二〇一〇年）を元にまとめることにした。しかし、同講演は市民を対象にするものであったため、タイトルはともかくその内容に関しては専門的学問的問題についてはかなり抑える形を採っていた。そのためここに収めるに当たっては構成を含め大幅な修正・加除を行なった。付録に関しては、大きく文献・史（資）料の類と記念館・資料館ないし関連年表に分けて示すことにし、第一に、『国立国会図書館所蔵明治前期刊行図書目録』の中から自由民権運動関連の諸文献を選び、これらを発行年次順に並べて一覧とし、第二に、自由民権運動史の研究に関わる諸文献を、研究文献目録・主要原文書目録・基本文献・主要史料集に整理し収載した。また、自由民権運動に関わる専門の記念館・資料館に関しては、福島県三春町・東京都町田市・高知市にそれぞれ開設されているものを開館順に紹介した。

各章および付録の記述に関し留意したことを記せば、以下の通りである。第1章は、基本的に事典での記述を活かしつつ大幅な追記・修正を行なった。また、運動の終わりの段階について、同事典で「後退」としていたが、この記述を「収斂」とした。この表現にしたのは、かねがねどのような語で同時期を表現するのがよいか考えてきた末の結果であり、正直迷いもあったが、少なくとも解体・挫折・敗北という見方には疑念を有していたので用いることにした。今後議論していただければという思いもあり、また、宮地正人氏の「どうして自由民権研究者達は牧原氏をふくめ、明治十年代だけで、自己完結的で起承転結的な論理をかくも性急に組みたてようとするのか」（『通史の方法』一二〇頁。本書一六八頁でも言及）という問題提起にも関わる自分なりの受け止め方にもなるのではないかと考えたこともある。なお、「収斂」という文言は、すでに拙稿「自由民権運動における政党と壮士」（安在他編著『近代日本の政党と社会』日本経済評論社、二〇〇九年）で使用している。用語の問題には止まらない内容を有していると考えるので、今後自らの考えを研ぎ澄ますように努めたい。

第2章は、どのような時期に、どのような問題意識で自由民権運動に関心が寄せられ、学習・研究されてきたのかについての整理である。これは、前述のように市民講座での講演を基本にしていることと関係する。ここに収めるにあたっては、研究史の要素を多分に加え、研究の歩みという形で収めることにした。しかし、個々の具体的問題、たとえば自由党あるいは激化事件等々に関する学説史といった記述は欠いている。これは「入門書」「手引書」、という本書の基本的性格によることを第一の理由とするが、個別事象に関する学問的な整理とその記述は相当の分量を要するものであり、これはまた新たな課題として別の機会にまとめてみたいと考えたからである。

付録に関しては、自由民権運動期に刊行された文献一覧を収載する一方で、重要な研究書の記載を省いたということに対し、奇異に思われた方も多いと思われる。まず前者について記せば、同時期の文献に関し、その都度有した問題関心の範囲内で何点かを見ることはあっても、全体についてはほとんど目にすることがなかったという筆者の反省・不勉強、換言すれば、そのことゆえに当該期の図書に精通することを重要な課題と考えるに至ったという現在の思いが、多分にある。が、同時に、どのような文献があるのか、その所在について知ることはなかなか難しいと思われるので、文字通りひとつの手引きになればとの考えから収載した。

次に研究図書の一覧を割愛した点であるが、当初その作業を行ない、自由民権運動史全体に関わるもの、憲法・結社・政党関係、地域・激化事件関係、自由民権運動家関係、と分類し、一覧表を作成した。しかし、その数が膨大となりかなりの紙幅をとること、主要な研究文献に関しては第2章であげていること、研究文献目録やデータベースについての記載があればそこに直接あたることで情報を得られること等々の理由から、最終的には本書での記載を省くことにした。文献整理の作業を通して感じた点がひとつある。それは地域で重要な役割を果たした自由民権運動家の事績を伝える研究書・評伝が少ないということである。地域のリーダーの研究は今後の課題であることをあらためて感じた次第である。

本書をまとめるにあたっては、ブリタニカ・ジャパンのご理解を得た。また同社の高橋良子氏、早稲田大学大学院文学研究科日本史学博士課程在籍の西腰周一郎氏、同研究科修士課程在籍の森谷元氏、同大学大学院社会科学研究科博士課程在籍の谷田雄一氏に、いろいろお力添えを頂いた。高橋氏には、『ブリタニカ国際大百科事典』(第三版)に掲載した筆者の原稿をわざわざフロッピーに採り直してお送り頂くなどご高配を賜った。西腰・森谷両氏には、注記の執筆など大変なご苦労をお掛けしただけでなく、両氏が自由民権運動史を専門にしておられるということを意識し、特に「若い方の視座」による批判やコメントを頂きたく、第1章、第2章に関して丹念に読んで下さるようにお願いし、誤記の訂正などを含め思うところを忌憚なく述べて頂いた。両氏のコメント・指摘に関し納得できるものは修正し、今後の学問的な検討課題としたいという問題については(たとえば、講座派の位置づけや五日市の「場」の認識など)、あえて訂正しなかった。世代間の違いを強く意識することにもなり、そのこと自体大変興味深いことであり有意義なことであった。また、書名のアイデアを提起してくれたのも若い森谷氏であった。

また、大変な出版事情のなか、吉田書店の吉田真也氏には本書の刊行をお願いすることができただけでなく、本書の構成などに関し、種々アドバイスを頂いた。初校を大幅に修正して初めて「原稿」と呼べるようなものになったことなど、まことに心苦しく、安易な原稿提出を深く反省している次第である。吉田氏の寛大なお心と忍耐心を得られなければ本当に本書は成らなかった。諸氏・諸機関に心底感謝し、末尾になったが厚く御礼を申し上げる次第である。

二〇一二年三月

安在邦夫

著者紹介
安在邦夫（あんざい・くにお）
1939年生まれ。
早稲田大学大学院文学研究科史学（日本史）専攻博士課程単位取得退学。
早稲田大学文学部講師、助教授、教授を経て、現在、早稲田大学名誉教授。
著書に『立憲改進党の活動と思想』(校倉書房)、『日本の近代』『日本の現代』(共著、梓出版社)、『自由民権の再発見』(共編著、日本経済評論社)、『影印本　足尾銅山鉱毒事件関係資料』(共編、東京大学出版会)、『近代日本の政党と社会』(共編著、日本経済評論社）など。

自由民権運動史への招待

2012年5月25日　初版第1刷発行
2015年4月10日　初版第2刷発行

著者　安在邦夫
発行者　吉田真也
発行所　合同会社 吉田書店
102-0072　東京都千代田区飯田橋2-9-6 東西館ビル本館32
Tel：03-6272-9172　Fax：03-6272-9173
http://www.yoshidapublishing.com

DTP　アベル社　印刷・製本　シナノ書籍印刷
装丁　折原カズヒロ
定価はカバーに表示しております。

ISBN978-4-905497-06-6

⊙事項索引⊙

◆さ行

◆た行

◆な行

◆や行

◆ら・わ行

⊙人名索引⊙

（註釈を掲げた頁数は太字で示した）

◆あ行

◆か行

◆さ行

◆た行

◆な行

◆は行

◆ま行

◆や行

◆ら・わ行